Adult Spa... Y0-CVJ-902
177 SEGU
Seguró Mendlewicz, Miquel
Vulnerabilidad : Miquel Seguró
33410018143828    08-05-2022

DISCARD

Vulnerabilidad

PENSAMIENTO HERDER · FUNDADA POR MANUEL CRUZ

**Antonio Valdecantos** La moral como anomalía
**Antonio Campillo** El concepto de lo político en la sociedad global
**Simona Forti** El totalitarismo: trayectoria de una idea límite
**Nancy Fraser** Escalas de justicia
**Roberto Esposito** Comunidad, inmunidad y biopolítica
**Fernando Broncano** La melancolía del ciborg
**Carlos Pereda** Sobre la confianza
**Richard Bernstein** Filosofía y democracia: John Dewey
**Amelia Valcárcel** La memoria y el perdón
**Victoria Camps** El gobierno de las emociones
**Manuel Cruz (ed.)** Las personas del verbo (filosófico)
**Jacques Rancière** El tiempo de la igualdad
**Gianni Vattimo** Vocación y responsabilidad del filósofo
**Martha C. Nussbaum** Las mujeres y el desarrollo humano
**Byung-Chul Han** La sociedad del cansancio
**F. Birulés, A. Gómez Ramos, C. Roldán (eds.)** Vivir para pensar
**Gianni Vattimo y Santiago Zabala** Comunismo hermenéutico
**Fernando Broncano** Sujetos en la niebla
**Judith Shklar** Los rostros de la injusticia
**Gianni Vattimo** De la realidad
**Byung-Chul Han** La sociedad de la transparencia
**Alessandro Ferrara** El horizonte democrático
**Byung-Chul Han** La agonía del Eros
**Antonio Valdecantos** El saldo del espíritu
**Byung-Chul Han** En el enjambre
**Byung-Chul Han** Psicopolítica
**Remo Bodei** Imaginar otras vidas
**Wendy Brown** Estados amurallados, soberanía en declive
**Slavoj Žižek** Islam y modernidad
**Luis Sáez Rueda** El ocaso de Occidente
**Byung-Chul Han** El aroma del tiempo
**Antonio Campillo** Tierra de nadie
**Byung-Chul Han** La salvación de lo bello
**Remo Bodei** Generaciones
**Byung-Chul Han** Topología de la violencia
**Antonio Valdecantos** Teoría del súbdito
**Javier Sádaba** La religión al descubierto
**Manuel Cruz** Ser sin tiempo
**Judith Butler** Sentidos del sujeto
**Byung-Chul Han** Sobre el poder
**Cass R. Sunstein** Paternalismo libertario
**Byung-Chul Han** La expulsión de lo distinto
**Maurizio Ferraris** Movilización total
**Étienne Balibar** La igualibertad
**Daniele Giglioli** Crítica de la víctima
**Miranda Fricker** Injusticia epistémica
**Judith Shklar** El liberalismo del miedo
**Manuel Cruz** Pensar en voz alta
**Byung-Chul Han** Hiperculturalidad
**Antonio Campillo** Mundo, nosotros, yo
**Carlos Thiebaut y Antonio Gómez Ramos** Las razones de la amargura
**Éric Fassin** Populismo de izquierdas y neoliberalismo
**Byung-Chul Han** Buen entretenimiento
**Tristan García** La vida intensa
**Lluís Duch** Vida cotidiana y velocidad
**Yves Charles Zarka** Metamorfosis del monstruo político
**Byung-Chul Han** La desaparición de los rituales
**Eva Illouz y Dana Kaplan** El capital sexual en la Modernidad tardía
**Catherine Colliot-Thélène** Democracia sin demos
**Hartmut Rosa** Lo indisponible
**Byung-Chul Han** La sociedad paliativa
**Lorenzo Marsili** Tu patria es el mundo entero
**Zhao Tingyang** Tianxia: una filosofía para la gobernanza global

Miquel Seguró Mendlewicz

# Vulnerabilidad

Herder

*Diseño de la cubierta:* Gabriel Nunes

© 2021, Miquel Seguró Mendlewicz
© 2021, Herder Editorial, S.L., Barcelona

ISBN: 978-84-254-4727-3

Cualquier forma de reproducción, distribución, comunicación pública o transformación de esta obra solo puede ser realizada con la autorización de sus titulares, salvo excepción prevista por la ley. Diríjase a CEDRO (Centro de Derechos Reprográficos) si necesita reproducir algún fragmento de esta obra (www.conlicencia.com)

*Imprenta: Sagràfic*
*Depósito legal:* B-15.462-2021
*Printed in Spain - Impreso en España*

**Herder**
www.herdereditorial.com

# Índice

I. VULNUS .................................................................. 13

II. PATHOS DE LA VULNERABILIDAD ........................... 19
    La pregunta ......................................................... 25
    La expectativa ...................................................... 29
    La duda ............................................................... 36
    Lo previo ............................................................. 42
    *Casus vitae* ......................................................... 47
    Fe y razón ........................................................... 50
    La razón en el mundo .......................................... 58
    La razón vulnerable ............................................. 65
    La razón encarnada .............................................. 70

III. ETHOS DE LA VULNERABILIDAD ............................ 83
    El laberinto cotidiano ........................................... 86
    *Procus* ................................................................ 96
    La vía del no-criterio ............................................ 100
    *Infirmus* ............................................................. 104
    Ética y cuidado: más allá del tópico. .................... 111
    Pensar y curar ..................................................... 116
    El circuito ético ................................................... 127
    El riesgo de la empatía ........................................ 133

Tanatofobia ........................................................ 142
La matriz de la política .................................. 150
La ficción de la soberanía ............................. 157

IV. M*UNDUS EST FABULA* ........................................ 167

A*GRADECIMIENTOS* .................................................. 173

B*IBLIOGRAFÍA* ........................................................ 175

*Gràcies per tanta vida, mare.*

Si todavía no conoces la vida,
¿cómo podrías saber de la muerte?

CONFUCIO
*Analectas*, Libro XI, 12

# 1. Vulnus

Nuestras vidas se desarrollan en escenarios que nos trascienden y en circunstancias que no elegimos. Factores que van de lo más externo a lo más íntimo (nuestro entorno medioambiental, nuestro contexto social o nuestro universo emotivo-simbólico, por ejemplo), que afectan decisivamente a la biografía que vamos construyendo. Son circunstancias que influyen en nuestro estar en el mundo y que nos revelan la condición que hace posible todas nuestras experiencias: ser vulnerables.

Vulnerabilidad proviene de *vulnus*, una palabra latina que traducimos por «herida». Para los antiguos, las heridas guardaban relación directa con la corporalidad, de modo que ser herido significaba ser lastimado físicamente. De ahí que sus dioses, de carne y hueso, estuvieran asimismo expuestos a la vulnerabilidad. Paulatinamente, el significado de herida se ensanchó y pasó a incluir también el sufrimiento anímico, y padecimientos de vida o mal de amores comenzaron a ser referidos como *vulnera vitae* o *vulnere amoris*.[1]

Vulnerar significa para nosotros también dañar y atentar, y en todos los casos remite a una condición: ser vulnerables.

---

[1] G. Maragno, «Alle origini (terminologiche) della vulnerabilità: vulnerabilis, vulnus, vulnerare», en O. Giolo y B. Pastore (eds.), *Vulnerabilità. Analisi multidisciplinare di un concetto*, Roma, Carocci, 2018, pp. 13-28.

Vulnerabilidad

Es en los momentos de acusado sufrimiento cuando caemos en la cuenta de que se trata de una realidad que siempre está ahí, pero que, como duele, preferimos no hacerla demasiado presente. *Vulnus* implica que nuestra situación sea *vulnerabilis*, que encarnemos la predisposición de que nos sucedan cosas. Pero las cosas nos pueden afectar para bien o para mal. Pueden comportar tanto afecciones como propiciar afectos, o hasta las dos cosas a la vez. Y esto apunta a otra realidad fundamental: que no somos seres estancos y cerrados. Este es el *factum* con el que se escribe y reescribe nuestro «ser», del que damos testimonio y del que somos protagonistas.

Por vulnerabilidad no hay que entender solamente la realidad sufriente del ser humano. No es que el *homo vulnerabilis* no sea *homo dolens*. La enfermedad, la muerte, la angustia de poder enfermar o morir forman parte de nuestra cotidianidad. Pero también lo son la solidaridad, la corresponsabilidad o la alegría de vivir en comunidad. ¿Por qué entonces cuando hablamos de vulnerabilidad solemos asociarla con experiencias negativas y no constructivas?

La vulnerabilidad es una *forma entis*, un ser y un estar constitutivo de todas y cada una de nuestras experiencias y por eso es la imagen genérica del conjunto de la realidad humana. Una imagen que da pie a nuestro universo simbólico, siendo ella misma, la «vulnerabilidad», un símbolo y un concepto. En este ensayo proponemos un esquema para una filosofía de la vulnerabilidad que asume que todo lo que tiene que ver con lo humano, lo bueno y lo malo, lleva el sello de su vulnerabilidad. Es decir, que la vulnerabilidad es la expresión fundamental de la condición humana.

La vulnerabilidad es un tema de creciente relevancia en el debate público. Es tema y, en cierta forma, puede ser también una moda, lo que puede significar dos cosas: que la vulnera-

## I. Vulnus

bilidad es la medida de las cosas que nos suceden (eso es lo que significa originariamente «moda»: medida), o que es la corriente legitimada y legitimadora de los discursos, el halo de autoridad que otorga estar de moda. En este libro se explora el primer significado, el impacto real de lo que representa ser vulnerables, teniendo en cuenta los peligros de lo que implica que el asunto esté de moda.

Dado que pensar es, de algún modo, figurarse cómo son las cosas —lo que significa que al pensar algo damos forma a ese algo—, pensamos por medio de imágenes. La imagen que aquí proponemos para pensar la vulnerabilidad es la de un círculo, irregular e imperfecto, que nunca acaba de cerrarse sobre sí mismo. Hablamos de una imagen, pero con ella se pone de relieve la imposibilidad de esa perfección tan ansiada. Incluso quiere dar a entender que lo deseable aquí y ahora es lo no-perfecto. Que en vez de buscar la circularidad terminada y autosuficiente de lo *per-fectus*, la aventura pase por exponerse a los circuitos de la precariedad y la incertidumbre del *a-ffectus*. Nuestro círculo tampoco guarda relación con la circularidad completa hegeliana, habida cuenta de que no sabemos si, como propuso el filósofo idealista, todo lo real es racional. Quién sabe dónde está la marca de lo que es real y de lo que no.

Vulnerabilidad es afectabilidad. Afectamos y nos afectan, de ahí que la imagen del círculo que hemos elegido no pueda cerrarse. Podríamos haber recurrido a la sabiduría del *ensô*, un símbolo también circular muy utilizado en el zen que expresa la iluminación y la completitud espiritual. Algunos artistas y maestros parece que lo cierran, pero otros no, quizás sugiriendo que esa perfección es algo siempre por conseguir. Aquí consideramos que la perfección no forma parte de nuestra realidad, así que nuestro círculo solamente puede ser imperfecto e irregular.

Hay que tener en cuenta que vulnerable se es en primera instancia, de manera que el riesgo de emborracharse de subjetivismo es realmente grande. Y en filosofía nadie debe ser, *stricto sensu,* el tema de su reflexión. Filosofar significa rehuir tanto el egoísmo lógico como la pretensión de describir de una vez para siempre todo lo que las cosas pueden dar de sí.

Aquí sugerimos una imagen para poder pensar tangiblemente algo tan complejo como es la vulnerabilidad, incidiendo en que se trata de una propuesta, una invitación. En el sistema epistemológico kantiano la idea de esquema tiene un papel rector. Es la conjunción que une la sensibilidad y el entendimiento, el procedimiento imaginativo a través del cual un concepto puro y abstracto se concreta sensiblemente (*skhema,* que en griego significa forma, figura). El esquematismo es, pues, la razón en funcionamiento, la formación estética del mundo y, en nuestro caso, la visualización de lo que implica ser vulnerables.

También en virtud de la condición vulnerable de cualquier filosofía utilizamos la noción de esquema en el sentido más coloquial del término. Este libro dispone una serie de elementos reflexivos como puntos de partida para que se los considere y desarrolle. Pero no es «la» filosofía de la vulnerabilidad su objetivo. Sería del todo improcedente. A veces los discursos que buscan fijar todo lo que hay y cerrar la cuestión fuerzan las cosas para que digan lo que se quiere que digan, dejando fuera todos aquellos elementos que los contradicen.[2] Y aquí partimos de la convicción de que la contradicción forma parte también de la condición vulnerable.

Dicho esto, nuestra cautela sería también contraproducente si se la entendiera como el salvoconducto para decir lo que

---

2 M. Foucault, *El orden del discurso,* Barcelona, Austral, 2018, pp. 46 y 53.

## 1. *Vulnus*

a uno le plazca, sin más aval que la propia opinión. Pues eso no sería cautela sino frivolidad. Se es cauteloso siempre en relación a una voluntad de base, que es la de poder hablar de algo sabiendo que se puede estar equivocado y que siempre quedarán cosas por decir. Lo que en estas páginas se propone es un hilván de elementos críticos y razonados que procura ayudar a pensar esta experiencia transversal que afecta a cualquier experiencia: «la» vulnerabilidad. Una propuesta abierta a la rectificación, claro está.

El libro consta de dos partes. En la primera se esboza el «pathos» de la vulnerabilidad y en la segunda se explora su «ethos». En la primera, se trata la epistemología y la pregunta por la certeza como protagonistas de la experiencia filosófica. En la segunda, la ética y la política toman el relevo como materializaciones de la experiencia de la incertidumbre resultante.

Antes de emprender el camino conviene hacer otra importante consideración: si la vulnerabilidad siempre está ahí como condición, no menos lo está la realidad de la experiencia metafísica. A fin de cuentas toda filosofía es, de un modo u otro, un tipo de acción metafísica. Querer contraponer vulnerabilidad y metafísica hasta llegar a excluirlas es posible. Todo depende de los conceptos de vulnerabilidad y de metafísica que se manejen. Pero lo que no es posible es hacer que los lenguajes de la vulnerabilidad dejen de sustentarse en categorías tan metafísicas como finitud, contingencia o temporalidad. Categorías sin las cuales es impensable razonar y que llevan aparejadas las preguntas por su confín: lo infinito, lo necesario y lo eterno.

Reflexionar sobre la vulnerabilidad es cuestionarnos hasta las últimas consecuencias por el material sensible con el que construimos nuestras experiencias. Es decir, llevar cabo una tarea de arqueología ontológica. Si ser vulnerable es la condición universal y estable de todo ser humano, es que la vulnerabilidad tiene que ver con *ser* humano. Y si nadie es ajeno a ella por ser la condición de todo lo que somos y de todo lo que podemos llegar a ser, entonces es una realidad que va más allá de cualquier negación. Es *meta*física.

Ahora bien, leemos en la primera epístola de Juan que a Dios no lo ha visto nadie jamás. Así que nadie, sea creyente o no, ha tenido la dádiva de saber cuál la respuesta al gran enigma. Es entonces en la duda donde nos encontramos y, como nos mostrará René Descartes, es en el dudar mismo donde caemos en la cuenta de la realidad de esos misterios. La experiencia metafísica es esa duda que no puede dejar de sondear su propio misterio. Es la realidad vulnerable tomada como elemento centrífugo de la filosofía, como existencia precaria abierta a su trascender.

## II. *Pathos* de la vulnerabilidad

Despertar una pasión es el don del clásico al que siempre hay que volver. René Descartes lo hace. No por su azarosa vida, que como la de tantos y tantas estuvo repleta de gracias y desgracias (y, al menos, las suyas no son tan desconocidas), ni por la fama de sus escritos, merecida y reconocida ya en sus tiempos. Lo que atrae de sus textos es la fascinación que despiertan algunas de sus extravagancias.

Descartes se convierte en un óptimo compañero de reflexión porque la suya es una filosofía de la incertidumbre. Es una filosofía que desea conocer para comprender, asegurar el dato claro y distinto,[1] firme e infranqueable, que no obstante constata que no, que eso no es posible, ni siquiera como programa. Y con esa tensión, que atraviesa todas nuestras horas, habitamos el mundo. Su pluma, lejos de representar una enmienda a la existencia vulnerable acaba convirtiéndose en su exponente. La certeza que atesora con el «yo» (el conocido *cogito, ergo sum*) se descubre insuficiente e impotente para lograr

---

[1] Lo «claro y distinto» en Descartes pueden ser diversos elementos: ideas, concepciones, conocimientos. Incluso en la Tercera de las *Meditaciones metafísicas*, la que trata de la existencia de Dios, habla de percepciones claras y distintas (tanto en la edición latina como en la francesa), como también hace en el §45 de los *Principios de filosofía*.

la anhelada seguridad existencial. Explorando el poder de su imaginación Descartes lleva la razón a su máxima contradicción, apuntando incluso más allá de su propia estructura. Si el mundo puede llegar a ser una mentira, ¿cuántas más mentiras pueden esconderse en nuestras razones?

No nos proponemos aquí ofrecer otra interpretación de la obra de Descartes. Primero porque sería temerario. Decir algo relevante al respecto es una pretensión al alcance de muy pocos y hay grandes especialistas en la materia que ya lo han logrado con sobrada solvencia. En este sentido, en las notas a pie de página recogemos algunos debates suscitados en torno a cuestiones nucleares de la filosofía cartesiana. Y segundo porque no es, en sustancia, el objetivo de esta meditación. Nuestro ensayo no trata de Descartes, sino que al hacerlo a través de Descartes, va por otros derroteros. La lectura que aquí se hace de su obra es el soporte para pensar la vulnerabilidad e iluminar la estructura de la experiencia en general.

Hemos anticipado que el asunto va de circularidades, lo que implica que nadie piensa solo, ni tampoco parte de cero. Conviene pues explicitarse a uno mismo con quién y a partir de qué se va a pensar. El supuesto monólogo interior es, en verdad, un diálogo que mira hacia fuera. Un *logos*, una palabra, un discurso, que metafóricamente pasa a través de las múltiples voces que pueblan el parlamento interior que uno alberga. Esto es, de hecho, dialogar: dejar pasar la palabra a través de sus voces.

Si nos preguntamos si todo el mundo cuando piensa dialoga hay que decir que desde esta perspectiva sí, todo el mundo dialoga. Hacia fuera y hacia dentro. El pensamiento no deja de ser un gran parlamento de discursos y formas que circulan y se retroalimentan. Dónde está la frontera de lo propio y lo impropio es difícil de situar, también porque las influencias y convicciones pueden ir cambiando. No obstante, la apelación al diálogo no se hace en este sentido. Cuando se dice de alguien que convive dialogando es porque se entiende que es capaz de ceder y que puede llegar a reconocer que en sus palabras no se encuentra la mejor de las perspectivas de un hecho o de una situación. Es asumir que el otro puede tener razón en sus posiciones y que, además, estas pueden ser ciertas. Es estar dispuesto a rectificar.

Por otro lado, se piensa desde un aquí y un ahora que forma parte de una biografía, pero también desde una constelación de ideas y creencias que nos trascienden. Se piensa desde un contexto, de carne hueso, y desde una cosmovisión, de ideas y convicciones, que pueblan varios cuerpos. Ambas instancias, lo incomunicable y lo comunicable, se entrecruzan dando pie a una dinámica constituyente que permite concretarse en experiencias. Demasiado orientados al proyecto, al futuro, nos perdemos en el único cruce de caminos que sabemos que *es*: la experiencia mestiza del ahora.

De hecho, ni siquiera Descartes fue tan original en sus tesis, como se verá más adelante. Fue otro espécimen de los *homo sapiens sapiens*, si bien un espécimen genial. Fue capaz de dar vida a algo que no existía como tal y el hecho de que aún hoy estemos hablando del alcance de ese acto de gestación lo sitúa desde nuestra perspectiva cultural en la fila de los genios.

Aquí hemos privilegiado la voz de Descartes para dialogar con ella también por su peso y por su relevancia para nuestra cultura. Es verdad que otros tantos pensadores de referencia nos conducen por los caminos de la vulnerabilidad y también podrían ocupar ese lugar. El citado Kant y su *Crítica de la razón pura*, por supuesto, o el Agustín de Hipona intimista de sus *Confesiones*, un formato literario siglos más tarde recuperado y recreado por Rousseau. O incluso el más desconocido Helmut Plessner, que hizo de la risa y el llanto objetos de estudio.

Vulnerabilidad

Tampoco es cuestión de listar un conjunto de autores y temas puesto que cada cual escoge los suyos, y es evidente que no hay una sola vía para emprender el diálogo. Nuestra intuición es que la de Descartes es la senda pertinente para nuestro propósito. Ojalá que quien lea este libro pueda compartir al final del trayecto la idoneidad de nuestra elección.

De Descartes son las *Meditaciones metafísicas*, publicadas primero en latín en 1641 como *Meditationes de Prima Philosophia* y luego en francés, en 1647. Una obra de gran envergadura filosófica que ya entonces suscitó numerosas objeciones entre sus contemporáneos (Thomas Hobbes, entre ellos) y que forma parte de los hitos de la historia de la filosofía.

Las meditaciones cartesianas, seis en total, se desarrollan en sendos y sucesivos días. Una por día. Así lo relata Descartes. Y aunque el juego literario es del todo explícito, porque sabemos que al menos ya en 1639 estaba trabajando en ellas,[2] de modo que no fue cuestión de días su desarrollo, lo que es relevante es que cada meditación, como episodio de «la»

2 En una carta a su amigo Marin Mersenne fechada en noviembre de 1639 le notifica que está trabajando en un texto, breve, acerca de cuestiones metafísicas en relación a las matemáticas. A partir de 1640 (cf. E. Garin, *Descartes*, Barcelona, Crítica, 1989, p. 131) es el problema de la «fundamentación» del saber científico lo que más le ocupa, inquietud que acabará desembocando en la afirmación voluntarista del «fundamento» de todo saber, si bien hacía por lo menos una década que Descartes había empezado a trabajar en cuestiones metafísicas de envergadura (cf. F. Alquié, *La découverte métaphysique de l'homme chez Descartes*, París, PUF, 1950, p. 81). Nos permitimos una digresión al respecto. Jugando libremente con la apreciación en el título de la posterior versión francesa, *Méditations métaphysiques touchant la première philosophie*, respecto de la primera latina, *Meditationes de prima philosophia*, podríamos anticipar lo que luego diremos: que siempre queda *más allá* (meta-) de cualquier posibilidad llegar a «la» fundamentación primera. De modo que no hay filosofía primera sino como testigo de su imposible consecución, como lo infructuoso de querer cerrar el círculo sobre sí misma. La cuestión «última» siempre queda abierta, así que no puede ser «primeramente» cerciorada.

## ii. *Pathos* de la vulnerabilidad

meditación, comporta su temporalidad,[3] una relación con el tiempo interior y con la configuración de su exterioridad. De manera que, a pesar de que su objetivo fuese el alcance de un saber atemporal, ese proceso solamente se da como *processus*: una marcha, un avanzar. La meditación cartesiana, como toda meditación, es la sucesión de unos *tempos*. Y en ese transitar toma forma uno de los grandes asuntos de la experiencia humana: la dualidad, es decir, la identidad en la diferencia y la diferencia en la identidad.[4] Una relación que afecta, por ejemplo, a la pretensión de alcanzar una sabiduría atemporal estando constituidos por la temporalidad, de catar la infinitud encarnando la finitud, de precisar lo necesario transitando por las contingencias de la vida. Pretensiones y no realidades, porque, en efecto, meditando y yendo paso a paso Descartes trata de dar con el saber atemporal, aquello que nada ni nadie, pase lo pase, puede deshacer. Una pretensión cuanto menos problemática, como veremos.

Pero no nos adelantemos. Si la meditación cartesiana nos sirve de guía para pensarnos en lo particular y en lo compartido, sigamos sus ritmos.

Meditar significa tomar medidas, así que la unidad métrica es absolutamente determinante para cartografiar un asunto. Para poder meditar sobre algo hay que elegir un punto de partida, un criterio de medición. ¿Cuál es la medida para

---

3 J. Wahl, *Du rôle de l'idée de l'instant dans la philosophie de Descartes*, París, Descartes&Cie, 1994; J.L. Marion, *Sur le prisme métaphysique de Descartes*, París, PUF, 2004, pp. 187 ss.

4 He tratado la cuestión de la identidad, la diferencia y su relación con el desarrollo de un pensamiento analógico (tema al que aquí nos referiremos más adelante) en *Sendas de finitud. Analogía y diferencia* (Barcelona, Herder, 2016). Para un estudio pormenorizado de la cuestión de la identidad y la diferencia ver la monografía: W. Beierwaltes, *Identität und Differenz*, Frankfurt, Klostermann, 2011.

## Vulnerabilidad

pensar la vulnerabilidad? La respuesta ni puede ni debe ser inmediata porque es el horizonte de este libro. Pero debe haber un inicio, y el nuestro, atendiendo a la naturaleza misma de lo que aquí nos preguntamos, se encuentra, precisamente, en el hecho mismo de que preguntamos por algo. Esto es, que hay «preguntas».

Existir significa, entre otras cosas, estar confrontado por preguntas radicales y de impacto directo para nuestras vidas. Ahora bien ¿qué implica preguntar? Que tengamos preguntas es bastante revelador. Si preguntar significa estar sometido a interrogatorio, es decir, en medio *(inter-)* de un ruego, de una petición *(-rogare)*, preguntar es en primera instancia testificar que no se está donde se quiere estar. Cuando uno pregunta se pone a descubierto. Experimenta que no tiene cubiertas sus ansias de conocimientos, creencias o sentido y pide, ruega, por la posibilidad de lograr otros conocimientos, creencias o sentidos.

Preguntar implica asumir que estamos a la intemperie, que nos situamos fuera del cobijo de la respuesta. Es decir, que se está suspendido en el aire, sin pisar tierra firme. Con todo, cuando se pregunta no se es por fuerza más ignorante. Cuando se pregunta se sabe más que cuando no se pregunta; se sabe, por ejemplo, que una determinada respuesta hasta ahora dada por buena quizás no lo sea tanto. Y eso constituye, en cierta medida, un avance.

Por otro lado, este proceso de *des-ubicarse* no es el horizonte definitivo. Es decir, uno no busca desubicarse, sin más. Quien pregunta alberga la profunda expectativa dar con una buena respuesta. Preguntar es desubicarse para tratar de reubicarse al cobijo de una respuesta correcta, o cuanto menos mejor a las que ahora están a disposición. Preguntar es, en esencia, vivir en la expectativa de hacer habitable la propia existencia y estar en disposición de hacerlo correctamente.

## II. *Pathos* de la vulnerabilidad

*La pregunta*

Cuatro años antes de publicar sus *Meditaciones*, aparecía en junio de 1637 en Leiden, Países Bajos, un texto anónimo titulado *Discurso del método*, y subtitulado *Para conducir bien su razón, y buscar la verdad en las ciencias*. En una de las muchas cartas escritas por Descartes a su amigo sacerdote, el filósofo y matemático Marin Mersenne (también formado, como Descartes, en el colegio de La Flèche) le especifica[5] haber bautizado su texto como «discurso» y no «tratado» porque en él se presentan los temas de manera informal, un discurrir más o menos desenfadado sin demasiada voluntad aleccionadora. Quizás eso explica que el *Discurso* tenga la apariencia de un largo proemio, una previa a un conjunto más amplio que constaba de tres partes: dióptrica, meteoros y geometría.

El *Discurso del método* es una de las obras cenitales de la historia de la cultura occidental que trasciende el ámbito de la historia de las ideas. Es un texto presumiblemente escrito entre 1635 y 1637, en tiempo cercano al juicio condenatorio a Galileo (junio de 1633), y compuesto a conciencia por parte de Descartes.[6] No se trataba de un mero proemio sino de una consideración filosófica de solvente envergadura. Antes había escrito, aunque no publicado, un tratado que asumía la tesis del heliocentrismo. *El mundo* o *Tratado de la luz*, como se titulaba, solo fue publicado completamente en 1664, años después de que Descartes falleciera (1650). Que publicara el *Discurso* en los Países Bajos, donde el ambiente intelectual era más liberal

---

5 La carta fue probablemente escrita en marzo de 1637. Cf. R. Descartes, *Oeuvres de Descartes*. *Vol. I*, París, L. Cerf (ed. Adam-Tannery), 1897, pp. 347 ss.
6 Cf. P.L. Font, «Introducció», en R. Descartes, *Discurs del mètode*, Barcelona, Edicions 62, 2006, pp. 28-29. No hay, sin embargo, unanimidad entre los especialistas en cuanto a las fechas.

que en otras zonas de la vieja Europa, y que lo hiciera de manera anónima, eran precauciones que posiblemente no podía permitirse no tomar. Sin embargo, Descartes fue rápidamente reconocido como el autor del *Discurso*, entre otras cosas porque en la primera parte presenta sucesos relativos a su vida. Cuando en 1637 el texto comenzó a discutirse, incluida alguna de las arriesgadas tesis de *El mundo* destiladas en la quinta parte del *Discurso*, Descartes ya sabía a lo que se exponía,[7] lo que hace pensar que publicar el *Discurso* de manera anónima fue más un acto de coquetería que de precaución real.[8]

El *Discurso del método* tiene también seis partes y, como indica su título, es un discurso. Discurre, avanza y transita de un lado a otro. También paso a paso, tiempo a tiempo. ¿Con qué objetivo? Aplicar bien el entendimiento, encontrar un camino recto. Esa es la meta que manifiesta Descartes al poco de comenzar. Quiere enderezar el rumbo, que presupone estar perdido y desorientado, y para ello tiene que encontrar una senda, un método (*metá-hodós*, camino a través). De eso trata la experiencia de la pregunta y ese estar desubicado, aquello que nos empuja a avanzar hacia alguna parte.

Atendamos al subtítulo del *Discurso*. Escribe Descartes que su discurso es para conducir bien su razón, y buscar la verdad en las ciencias. Importa aquí el posesivo «su» (*sa,* en francés), que no remite a «la» razón, en abstracto, sino a una particular. Descartes lo refuerza afirmando al poco de comenzar que su propósito no es enseñar el *método*, el camino, que cualquiera debería seguir, sino solo mostrar cómo ha tratado de condu-

---

[7] Cf. E. Garin, *Descartes, op. cit.*, pp. 102-116; E. Gilson, «Introduction», en R. Descartes, *Discours de la méthode*, París, Vrin, 1976, pp. VII-XVI.
[8] Pere Lluís Font utiliza este sustantivo, «coquetería», para calificar el asunto (Cf. «Introducció», en R. Descartes, *Discurs del mètode, op. cit.*, p. 15).

cirse él.⁹ Sin embargo, parece ser una afirmación que actúa como *captatio benevolentiae*, ya que choca con la poca modestia que Descartes manifiesta más adelante acerca de la evidencia que ha descubierto a través del raciocinio. Eso sí, es una aseveración que ha permitido considerar la obra como una suerte de autobiografía intelectual, como la reconstrucción personal de un itinerario vital y lo que implica de contingencia, cuando no de arbitrariedad o invención. Parte de la originalidad del discurso cartesiano reside en que tanto en la primera parte como en el inicio de la segunda nos relata, a modo de fábula, su propia formación, la relación con el saber heredado y alguno de los avatares biográficos que contextualizaron la gestación filosófica del *Discurso*.

En todo caso, la sospecha de no estar en sintonía con la verdad comporta preguntarse por la naturaleza del error, de ese estar fuera de sitio, que es una de las situaciones en las que se encuentra Descartes y que da a entender con el subtítulo del *Discurso* elegido: si busca la verdad es que no la atesora.

Se busca lo que no se tiene, con la esperanza de poder encontrarlo. A veces uno no sabe ni lo que busca (la mayoría de las veces en la vida), pues es más fácil saber que se está en la búsqueda de algo que saber qué y cómo encontrarlo. Pero constatar que se está en falta, que hay algo que está perdido y hay que dar con ello, es trazar ya un camino que nos orienta hacia ese *método* ansiado para procurar enderezar el rumbo. Como si hubiera un destello de verdad en el error, como si el hecho de saber que se está errando ya fuese atesorar parte de la verdad. Como si uno no estuviera completamente desubicado.

9 Traducción de: «*Ainsi mon destein n'est pas d'enseigner icy la Methode que chascun doit suivre pour bien conduire sa raison, mais seulement de faire voir en quelle sorte j'ay tasché de conduire la miene*». Cf. R. Descartes, *Discours de la méthode. Oeuvres de Descartes*. Vol. VI, París, L. Cerf (ed. Adam-Tannery), 1902, p. 4.

# Vulnerabilidad

Comienza Aristóteles su *Metafísica* afirmando que todos los hombres desean por naturaleza saber. Queremos saber y las sensaciones ayudan a ese propósito, por eso dice el estagirita que son tan amadas. Y sobre todas ellas, las visuales, especifica. Queremos saber porque queremos ver correctamente, siendo nuestra avidez de conocimiento la respuesta apasionada al arrebato que nos produce lo que vemos. Platón, su maestro y predecesor, decía que el origen del saber se encuentra en la admiración, dando pie a una tradición que sitúa el origen de la filosofía, de la pregunta, en la admiración.

Existe otra tradición, no obstante, que sitúa la pasión por saber en la experiencia de la zozobra. Puede haber un gozo en el conocer, un placer en la admirada construcción de la república de los saberes, pero eso no excluye que antes la experiencia sea inquietante y potencialmente dolorosa: se está perdido, y eso zarandea. Es la angustia y la incertidumbre de saber que no se sabe y por lo tanto el sentirse a la intemperie y a merced de eso que llamamos el destino, la fortuna o el absurdo. Para Descartes la vista también es el sentido por excelencia, pero el problema de raíz es que los sentidos pueden engañar. Lo que se ve no siempre es digno de admiración, sino de recelo.

Esta desconfianza permite apreciar que la vulnerabilidad, entendida como afectabilidad, no solamente tiene que ver con el cuerpo, con la condición encarnada de nuestra vida, sino también con la interpretación que hacemos de las vivencias que nos proporciona. Nada hacemos sin el cuerpo, pero la noción de «cuerpo» es ya una construcción simbólica, como explicitaremos más adelante. También es vulnerable, afectable, el lenguaje asociado al ejercicio de la reflexión, muy ligado ciertamente al sentido de la visión (el ojo de la razón o la iluminación de los objetos), pero no únicamente. Otros sentidos

II. *Pathos* de la vulnerabilidad

son igual o más fundamentales para la vida de los conceptos: el gusto, el oído, el olfato, y por antonomasia, el tacto. Tratemos si no de experimentar sin tocar, sin palpar, de hablar sin mover las manos, de relacionarnos sin usarlas. Entender significa, precisamente, «tender hacia», hasta casi tocar.

Si la filosofía tiene que ver con querer saber, significa que busca su compañía, lo que presupone que, o no tiene ese saber o solamente lo posee en parte. Su némesis es la sofística, creerse demasiado capaz de alcanzar verdades sin darse cuenta de que en el fondo lo único que sostiene en ocasiones esa pretensión es, precisamente, una creencia. La filosofía es la experiencia más clara de la vulnerabilidad epistemológica, ya que al ponerse de pie, otear el horizonte y comenzar a caminar, lo hace sin saber muy bien adónde irá a parar. Entonces es cuando la admiración se convierte en cuestión, nacida de la distancia con el mundo. De repente, todo es extraño. Otras voces pueden servir de referencia, pero nadie puede sobrellevar por otro la propia duda. Embargado y abrumado, Descartes se refugia en lo único que cree que le queda: su razón. Hastiado de buscar fuera de sí, emprende la senda de la propia reflexión en busca de la verdad. Pensar por sí mismo, se dice, que no es otra cosa que tratar de fabular de otro modo.[10]

*La expectativa*

Hay que dudar de todo por lo menos una vez en la vida. Por prescripción cartesiana.

10 La meditación de Descartes no deja de ser otra fábula del mundo. J.-L. Nancy destaca el peso del relato cartesiano y su voluntad no ejemplarizante, la extremidad del *cogito*, que dice, y en su decir, fabula (*Ego sum*, París, Flammarion, 1979, pp. 97-127).

Vulnerabilidad

La primera parte del *Discurso del método* es la presentación biográfica con la que Descartes se pone en escena. A modo de fábula *(fable)*, relata cómo la formación recibida y el mundo observado llegaron a colapsar en su mente. Lo que durante un tiempo le pareció tierra firme y cielo claro poco a poco acabó por agrietarse y encapotarse hasta llegar a dejarlo en la más absoluta de las dudas.

Encontrar la verdad era una prioridad existencial para Descartes. Así que cuando constató que ni los libros antiguos con sus fábulas, ni la mejor de las escuelas, ni tampoco las autoridades más doctas habían sido capaces de colmar su inquietud, el mundo se le vino abajo. Las preguntas permanecían indemnes ante cualquier respuesta, y el ansia por encontrar la sólida verdad se transformaba en una pasión punzante. Hallarla no era opción, si no necesidad, de modo que no le quedaba más salida que buscarla por otro camino.

La moraleja cartesiana se ha convertido en unos de los modelos paradigmáticos de lo que significa entregarse a la actitud filosófica. Y en parte es acertado. Pensar es fundamentalmente dialogar con uno mismo y con el resto, y estar dispuesto a cambiar de opinión si las razones son mejores. Sin embargo, Descartes sucumbe pronto a la tentación del saber mesiánico.[11] Frente al riesgo de quedarse atrapado en la inquietante y errática experiencia de la búsqueda, asume como axioma que si algo es evidente por sí mismo entonces

---

[11] Uno de los reconocidos estudiosos de la obra cartesiana, Ferdinand Alquié, destaca este elemento de búsqueda *voluntaria* de Descartes en el equilibrio de la estructura del ser, que parte de una decepción radical pero que llega a una afirmación no menos radical: «la» afirmación del Ser Infinito (cf. *La découverte métaphysique de l'homme chez Descartes, op. cit.*, pp. 35-53, pp. 161 ss.). Una afirmación que tiene, además, tintes de esperanza. Es la «salvación» de la certeza prometedora.

es que es realmente verdadero. Parece lógico. La evidencia para Descartes es aquello que cae por su propio peso, sin discusión, y por eso debe ser, a su juicio, el gran precepto de la conquista del saber. Dicho de otro modo: hay fármaco. La fórmula para salir del atolladero es no admitir nunca como verdadero algo que no se pueda conocer por evidencia directa, como exterioridad que arrebata la visión *(ex-videre)*. Lo que presupone que hay verdades ahí fuera y a nuestra disposición, y además que estas verdades permanecen y podemos asirlas. Que algo sea evidente implica que también se lo intuya de manera estable;[12] que «eso» sea siempre «eso» y no «aquello». Son, dicho en términos clásicos de metafísica, las esencias de las cosas, lo que hace que las cosas sean lo que son.

La evidencia es la contemplación de las esencias. Pero qué es y qué no es «evidente» es algo, a fin de cuentas, irresoluble. Desconocemos todo lo que podemos llegar a ignorar, de tal manera que solamente lo descubrimos una vez ya no lo ignoramos. Es decir, una vez lo ponemos en cuestión, preguntamos por ello y avanzamos en ese gateo. De ahí que la paradoja mayor de todas sea que, no siendo conscientes de la ignorancia, ignoremos superlativamente. Que permitiendo que la ignorancia se despliegue impedimos convertirnos en unos completos ignorantes, a pesar de que, efectivamente, esta queda afirmada.

La imposibilidad de definir positivamente qué es evidente en sí es una de las tesis de cualquier consideración vulnerable de la experiencia humana y de la circularidad imperfecta que

---

12 La intuición y la evidencia van de la mano en Descartes, como un ejercicio para concebir las cosas de manera fácil y distinta. Es donde se disipa toda duda y donde ella misma se reconoce como un proceso espontáneo, libre (J. Simon, *La verdad como libertad. El desarrollo del problema de la verdad en la filosofía moderna*, Salamanca, Sígueme, 1983, p. 135).

## Vulnerabilidad

le da forma. Pues definirla sería algo evidente en sí mismo, lo que la haría invulnerable. Esta es la gran lección de la ciencia experimental, siempre expuesta al proceso de su falsabilidad.[13] Lo que se reconoce hoy como probable mañana puede descubrirse como error, y no porque se nos engañe desde fuera, sino porque funcionamos así. Si ignoramos todo lo que podemos llegar a ignorar es porque las cosas pueden ser «otras» cosas. Y ni tan siquiera sabemos si realmente son como las podemos observar.

¿Qué es un objeto, qué es un dato, qué es una experiencia? La tentación cartesiana cree realmente que la evidencia es posible. Que es asequible despojar las cosas de los ropajes que nos impiden contemplarlas tal y como son en esencia. Alcanzar el conocimiento claro y distinto como fruto del buen hacer de la razón, cuyo modelo para Descartes se encuentra en las matemáticas y las certezas que arrojan. *Ratio* significa, de hecho, cálculo, y el resultado de los cálculos solamente puede ser uno. Para las matemáticas, y así cree Descartes que debería suceder con cada asunto de conocimiento (*scientia*, en latín), no puede ser verdadera más que una opinión.[14]

Es un lugar común catalogar a Descartes de racionalista estricto. Así lo describen muchas historias de la filosofía. También es otra apreciación común detectar en esta voluntad de evidencia racional un episodio más del amplio abanico de recursos defensivos del espíritu humano, como si se tratase de una reacción ante el caos de la vida y sus imposibles re-

---

13  Cf. K. Popper, *La lógica de la investigación científica*, Madrid, Tecnos, 2008.
14  Manifiesta Descartes al acabar la primera parte del *Discurso* que «considerant combien il peut y avoir de diverses opinions, touchant une mesme matiere, qui soient soustenuës par des gens doctes, sans qu'il y en puisse avoir jamais plus d'une seule qui soit vraye, je reputois presque pour faux tout ce qui n'estoit que vraysemblable» (R. Descartes, *Discours de la méthode, op. cit.*, p. 8).

## ii. *Pathos* de la vulnerabilidad

ducciones. Sigmund Freud, por ejemplo, dijo encontrar una relación de cercanía familiar entre la labor de la filosofía y la paranoia.[15] Pero el asunto no está tanto en la filosofía si no en sus usos, malos en este caso. El propio psicoanálisis, que funciona como una herramienta hermenéutica muy valiosa para iluminar algunos fenómenos típicamente «occidentales», también está expuesto al mismo peligro que parece avistar. Lo mismo que la verdad matemática cartesiana, cierto psicoanálisis a veces parece asumir que nada puede tener más de una verdad. La suya, por supuesto.

La vulnerabilidad y temporalidad de nuestros conocimientos, sin embargo, nos lleva a pensar que lo más pertinente es asumir que todos esos conocimientos no pisan terreno completamente firme. Así que el dilema al que tendrían que confrontarse los procesos de conocimiento se plasmaría en esta elección: si exigirse encontrar el saber atemporal, asumiendo que somos capaces de ello; o tener siempre presente que a lo mejor no sabemos tanto aunque sí lo suficiente como para sostener que, si bien los fundamentos, en plural, no son firmes para siempre, sobre ellos podemos mantenernos y prosperar. En ambos casos permanece la incertidumbre, aunque de un modo diferente. La primera opción, la que privilegia la identidad, la combate, convirtiéndola en lo reprimido; la segunda, la que da paso a la diferencia, la conlleva.

En el fondo, la decisión tiene que ver con el modo de convivir con el escepticismo que tiñe todo conocimiento: si con el que lucha contra la duda, porque aspira a su absoluta superación, o el que hace de la duda su natural compañera, porque la entiende como un reflejo de la condición vulnerable.

---

15  En el primer capítulo de *La vida también se piensa* (Barcelona, Herder, 2018) expongo y dialogo con esta presunción freudiana.

Stephen Toulmin contrapone en su libro *Cosmópolis*[16] los escepticismos de Michel de Montaigne y de René Descartes. Lo hace a tenor del cliché que sitúa a Descartes como padre de la Modernidad, una afirmación que él rebate. Este «parricidio» intelectual lo lleva a detectar en el desarrollo de la Modernidad una transición que va del talante relajado y comprensivo de Montaigne a la reacción defensiva y recluida de Descartes. La Modernidad comenzaría antes de Descartes, al revertirse el orden del mundo existente. Lo que permite rastrear, señala Toulmin, cómo algunos de los problemas que Descartes se plantea en sus *Meditaciones* son anticipados y hasta refutados por Montaigne cincuenta años antes.

Y entonces, ¿por qué se asocia Descartes con el inicio de la Modernidad? Hay casos como el de Nietzsche cuya lucidez no se reconoce hasta muchos años después de su muerte. Como si hubiera escrito antes de tiempo. Es probable que haya más casos así, aunque engullidos por los avatares de la historia y relegados al más estricto anonimato. Pero no es el caso de Descartes. Su éxito en vida fue notable. Fue un personaje adaptado a su tiempo y buen conocedor de los circuitos del poder, como testimonian los intercambios epistolares mantenidos con la princesa Isabel de Bohemia y la reina Cristina de Suecia, con quienes compartió de antemano su última obra publicada en vida, *Las pasiones del alma* (1649).

Descartes es un filósofo de su tiempo. Nos podemos explicar su éxito por la rigidez racionalista de su manera de pensar, que encajaba con el espíritu que afianzó la Paz de Westfalia (1648). Un sistema vertical de autoridad política sustentado en la unicidad del poder que exigía también una unidad vertical del saber. Estamos en la época de las guerras

---

16 Cf. *Cosmópolis. El trasfondo de la modernidad*, Barcelona, Península, 2001.

de religión que desembocaron en los mencionados tratados de paz, cuyas consecuencias en lo que atañe a la política fueron sustanciales. Todavía hoy somos deudores, por ejemplo, del concepto moderno de soberanía, una pesada herencia que convendría dejar atrás cuanto antes.

A Montaigne le placía encerrarse en la biblioteca circular que cubría las paredes de la torre anexa a su castillo. Descartes, que también se recluyó cuando cayó en la cuenta de que lo único indudable que podía asegurar era su propio acto de pensar, lo hizo en el único castillo que le quedaba en pie: su «yo». Y es verdad que los *Ensayos* de Montaigne son de lectura amable al remitir más a Epicuro o Séneca que a la teoría del ente de Francisco Suárez, pero la filosofía de Descartes y su modo de presentarse es más fiel al espíritu agónico de la Modernidad y, por eso mismo, hay que decir que hoy continúa interpelándonos.

En las pocas décadas que median entre los tiempos de Montaigne y Descartes lo ocurrido propició irremediablemente el surgimiento de otra visión del mundo. Pasamos del Renacimiento al Barroco,[17] y si decimos que Descartes nos interpela directamente en pleno siglo XXI es porque en cierto modo la nuestra es también una sociedad barroquizada. A la Posmodernidad le ha seguido la explosión en todas direcciones de la pretensión de verdad. Manda la autocracia tecnodigital y su *horror vacui*, que lo llena todo y que abraza la tesis «aparezco, luego soy». Es el éxtasis del simulacro, como en parte se

---

17  Para comprender la relación entre Descartes y el Barroco, una sugerente incursión se encuentra en S. Turró, *Descartes i l'esperit del barroc*, Lleida, Institut d'estudis ilerdencs, 1997. En su investigación *Descartes. Del hermetismo a la nueva ciencia* (Barcelona, Anthropos, 1985) Turró explora la vida de Descartes, una persona bien adaptada a su tiempo y conocedor de la ciencia naciente, que es la que le ofrece la estructura del mundo que después fundamentará con el *cogito*.

Vulnerabilidad

caracterizó lo posmoderno, o incluso de la exageración, como quizás convendría decir ya.

La voluntad de verdad se ha llevado por delante la posibilidad de discutir sobre hechos. Nada que ver con la aspiración cartesiana, anhelante de la última y unitaria verdad de las ciencias. Pero al igual que la experiencia cartesiana, también hoy protagonizamos cambios y transformaciones de todo tipo y llegamos a la constatación de que nuestro mundo se consume en demasiadas contradicciones. Por eso ya no es de fiar. Y por eso ambas experiencias, la cartesiana y la nuestra, se entregan a la fábula, al *ego* y a sus ensoñaciones. A sus reclusiones hiperbólicas, en definitiva.

Descartes nos ayuda a entender su tiempo, pero es también un contemporáneo, uno de nuestros mejores espejos.

*La duda*

Calificar a alguien de cartesiano no es precisamente hacer referencia a ningún tipo de vulnerabilidad o titubeo en su forma de proceder. Si por razón hay que entender cálculo *(ratio)*, ser cartesiano es llevar a su apogeo la razón calculadora que milimetra y fiscaliza todo. Ser cartesiano es según esta imagen el paradigma por antonomasia de la reflexión que busca la precisión. No en vano Descartes es, junto al filósofo alemán Leibniz, instigador de la confianza en el poder de la razón para desentramar el orden del ser, concebido como *mathesis universalis*. La identidad entre pensar y ser como catapulta de una expectativa que hace del lenguaje de las matemáticas su máximo estandarte.

Pero el querer sobrepasa al poder y en la cuarta parte del *Discurso del método*, donde el pulso de la filosofía cartesiana

II. *Pathos* de la vulnerabilidad

más se acelera,[18] se pone de manifiesto que la filosofía es un ejercicio de idas y venidas que queda, en última instancia y a pesar de las apariencias, a la espera de una verdad que no llega a manifestarse. La razón no es garantía de nada más que de ella misma. Es juez y parte en un fatigante diálogo que nunca cesa. Descartes encuentra coto al desbarajuste de la incertidumbre en el «yo». Incluso poniéndose en la más extrema hipérbole que niega todo lo que ve y considera como falso todo lo que cree, se llega a la certeza de que al menos eso sí es verdad. Y, además, que alguien lo afirma. «Yo pienso, luego yo soy», *ego cogito, ergo sum*.[19] Descartes finge dudar de la existencia de todo, de sus certezas, de sus ideas, y por supuesto de sus sensaciones, comenzando por las del propio cuerpo, pero concluye que no es posible dudar de que él duda. Luego piensa, y *ergo* es.

18  Aunque hay estudiosos que suelen advertir que la cuarta parte del *Discurso* es, en comparación con las *Meditaciones metafísicas*, de una profundidad y solidez metafísica más pobre, no hay acuerdo en el alcance de esta contraposición. Hay quien cataloga esta distancia de un modo más radical (F. Alquié, *La découverte métaphysique…, op. cit.*, pp. 144-150) frente a quien, por el contrario, reconoce ya en 1630 una actitud metafísica genuina, entendida como voluntad de transgresión de los saberes positivos (científicos), especialmente las matemáticas (J.-L. Marion, *Sur le prisme métaphysique de Descartes, op. cit.*, pp. 9-72; *id.*, *Questions cartésiennes. Méthode et métaphysique*, París, PUF, 1991, pp. 44 ss.).
19  «*Je pense, donc je suis*» es como lo formula Descartes en el *Discurso del método* (Cf. *Discours de la méthode, op. cit.*, p. 32). En la edición latina del *Discurso del método*, de 1644, lo traduce como «*ego cogito, ergo sum*» (*Specimina Philosophiae: seu Dissertatio de Methodo. Oeuvres de Descartes. Vol.* VI, París, L. Cerf [ed. Adam-Tannery], 1902, p. 558). En cambio, en las *Meditaciones* equipara «ser» con «existir», tanto en la versión latina («*ego sum, ego existo*»), como en la francesa («*je suis, j'existe*») (Cf. R. Descartes, *Oeuvres de Descartes. Vol.* VII, París, L. Cerf [ed. Adam-Tannery], 1904, p. 25; R. Descartes, *Oeuvres de Descartes. Vol.* IX, París, L. Cerf [ed. Adam-Tannery], 1904, p. 21).

## Vulnerabilidad

La ficción de la duda metódica genera, valga la redundancia, muchas dudas.[20] Una duda que no es sentida y asumida no debería ser merecedora de ninguna consideración filosófica. Y la duda de Descartes es metódica, puesta ahí casi por protocolo. No dudaba realmente de la existencia del mundo. Se escribía no pocas cartas con sus amigos, tomó precauciones en relación al clima inquisitorial de su época e incluso tuvo una hija. Mientras dudaba del mundo, se relacionaba con él. Uno puede dudar de sí mismo, pero no puede dudar de la realidad del contexto y menos de que hay una alteridad que lo circunda. El mundo sigue girando aunque uno se pregunte si gira. Se sabe que hay mundo del mismo modo que nadie cruza un paso de peatones dudando de la existencia del coche que ve venir, del asfalto que pisa, del cuerpo que es y del pensamiento que duda acerca de todo ello. Simplemente cruza, y con todas las precauciones.

La paradoja de la duda es que se duda porque hay algo de lo que dudar. De manera que la duda nunca puede ser lo primero ni, en consecuencia, tampoco aquel que duda.[21]

Primera constatación: la duda metódica puede ser efectista, pero no es efectiva. Nadie vive en la duda metódica, ni siquiera el propio Descartes; ni explícita (dice fingir que duda)

20  B. Williams propone dudar de que la duda metódica sea el método cartesiano, puesto que la duda es siempre intencional, concreta, y trasluce, como voluntad, generar un sistema y un cierto orden (cf. *Descartes. El proyecto de la investigación pura*, Madrid, Cátedra, 1996, p. 41). A nuestro juicio, sin embargo, no sería el caso de la duda existencial, que se expresa como angustia o inquietud difusa, cuya zozobra expresa la intemperie inconclusa de la experiencia de ser y estar en el mundo.

21  J.-L. Marion sitúa la discusión acerca de la «filosofía primera» cartesiana en torno a la realidad de la *mathesis universarlis*, esto es, de la independencia del saber matemático y de la certeza en sí de su lenguaje. Por eso reclama el talante metafísico de Descartes, porque, como luego se verá, ni siquiera las matemáticas dependen de sí mismas para ser ciertas (cf. *Le prisme métaphysique, op. cit.*, pp. 64 ss.).

## II. *Pathos* de la vulnerabilidad

ni implícitamente (en sus actos cotidianos).[22] Sería imposible. Se duda de que «algo» sea de tal o cual modo, pero no de ese «algo». A lo mejor el mundo es un sueño, o a lo mejor es real pero solo puedo pensar que es un sueño. Pero hay mundo, algo, aunque sea un sueño.

Quizás ese algo no es extramental en la forma en que lo suponemos; es decir, no es como aparece, o como lo trasladamos (aun sin saberlo) a la conciencia. Pero también puede que acertemos mucho más en todo lo que hacemos y pensamos, y simplemente no podamos explicarlo. En la comunicación con los demás, en la previsión cotidiana de comportamientos psíquicos y físicos, en la sucesión de movimientos sociales. Cruzamos la calle y, si somos cautos, lo hacemos con éxito.

En ocasiones no es así y las previsiones no se cumplen. O no completamente. Y entonces nos damos cuenta de ello y nos preguntamos dónde se halla el lapso entre el ser y el pensar para acortar la distancia. Pero a veces sí, lo que debería llevarnos a valorar todo lo que sí llegamos a acertar. Sin embargo, como si fuera lo esperable, en nuestro entorno se valora mucho más el error que el acierto, síntoma sin duda de una mala expectativa.

De lo que se ha de dudar, en definitiva, es de la unilateralización del lenguaje. Es decir, de que el lenguaje sea o unívoco o un malentendido constante. Es un falso dilema.

---

22 J.-C. Mèlich en *La sabiduría de lo incierto* (Barcelona, Tusquets, 2019, p. 104-123) explora la doble condición experiencial de Descartes: el «yo» biográfico, del cual Mèlich destaca su faceta de viajero, observador y, sobre todo, lector; y el «yo» metafísico, que se pretende más allá del espacio y del tiempo. Sería el yo biográfico, o performativo como lo llamamos nosotros en la segunda parte de este libro, el que concierne más al *ethos* de la vulnerabilidad, donde se descubre interpelado a actuar, siempre haciéndose y, por lo tanto, abierto a la alteridad. Pero también el «yo» metafísico tiene que ver con el «yo» vulnerable, el «yo» que afecta y se afecta. El «yo» real, en definitiva.

## Vulnerabilidad

Segunda constatación: el «yo» es porque el «yo» cae en la cuenta de que piensa, pero eso tampoco es lo primero. Dice Descartes que el *ego cogito* es «algo» *(res)* pensante *(cogitans)*, esto es, una naturaleza cuya total esencia o forma de ser es pensar, en gerundio. El concepto de sustancia, central en Aristóteles y de larga tradición filosófica, probablemente llegó a Descartes a través de la lectura que de ella hizo el jesuita español Francisco Suárez (1548-1617), cuyas *Disputaciones metafísicas* eran el manual de filosofía del colegio Enrique IV de la Flèche.[23] Sustancia denota una consistencia primigenia y, en consecuencia, es capaz de sostener y de sujetar pensamientos, deseos, recuerdos, pasiones..., que son vivencias del «yo». Del «yo» se dice, en consecuencia, que es *subjectum*,[24] lo que va por debajo de toda esta vida anímica. Descartes avista que para pensar es preciso existir, así que por mucho que se atosigue a sí mismo con una duda tras otra, eso es indubitable. Pero claro, ¿quién piensa? ¿Y qué significa pensar? Se ha incidido en que la tesis cartesiana es equívoca,[25] que no es ni tan clara ni tan distinta. ¿Es la razón la que se piensa a ella misma? ¿Cómo se pasa de

---

23 El tomista e historiador de la filosofía Étienne Gilson cataloga a Descartes como «*élève des élèves de Suarez*» (*L'être et l'essence*, París, Vrin, 2008, p. 158).

24 La dilucidación contrapuesta del valor de las proposiciones fundamentales de Descartes a lo largo de sus diferentes obras tiene aquí otro episodio: ¿hablamos de un *cogito* autorreferenciado en el *Discurso* y que avanza hacia un mayor esclarecimiento metafísico de su fundamentación en las *Meditaciones* (F. Alquié, *La découverte métaphysique...*, op. cit., pp. 150 ss., p. 169, pp. 180 ss., p. 207)? ¿O es por el contrario la afirmación de la sustancia del *cogito* mucho más clara y fuerte en el *Discurso* que en las *Meditaciones* y, por lo tanto, menos metafísica en estas últimas la afirmación de la sustancia del *cogito* (J.-L. Marion, *Questions cartésiennes*, op. cit., pp. 62-73; *Sur le prisme métaphysique...*, op. cit., pp. 147 ss.)?

25 Sobre todo desde la tradición analítica de la filosofía (por ejemplo, el citado B. Williams [cf. *Descartes. El proyecto...*, op. cit., pp. 91-127]), bastante reacia a cualquier consideración metafísica, aunque siendo ella misma, como cualquier idea del mundo, deudora de una determinada posición metafísica.

## II. *Pathos* de la vulnerabilidad

un pensamiento a un «yo»? Si el sujeto es lo que está debajo y tiene pensamientos entonces es que se diferencia de ellos, pero ¿cómo saber que el «yo» pensado es verosímil? La filosofía no se entiende sin la biografía de quien la construye, un relato que, a su vez, tampoco se entiende sin el contexto en el que se desarrolla. Tampoco el contexto circula ajeno a los sujetos que así lo asumen, siendo en sí mismo el marco simbólico en el que se desarrolla la vida de, precisamente, un determinado sujeto. Esta cadena de implicación y complicación de elementos hace muy difícil saber dónde delimitar lo uno y lo otro, el «yo» y su ficción, el «contexto» y su fábula. Parte de la actualidad cartesiana, y sobre todo la de su *Discurso*, no está en este supuesto descubrimiento del «yo», a fin de cuentas imposible de certificar o refutar, sino precisamente en todo el movimiento que provoca su agitada búsqueda. Una infructuosa obsesión por impermeabilizar el «yo» que certifica que toda esa experiencia metódica es, en su sentido literal, camino y no meta.

A la dinámica de la autoconciencia que, como dinámica que es nunca se cierra y nunca se calma a sí misma (el «yo» que piensa ya no es el «yo» pensado en el acto de pensarse: son dos yoes que conviven, a su vez, en dinámica relación y distancia), hay que sumarle la destitución del *subjectum* que llevan a cabo los mencionados Nietzsche y Freud. Los submundos de la conciencia no son lo que diríamos claros y distintos. ¿«Quién» soy yo? La pregunta pasa del «yo» al quién. Y si bien Descartes encuentra la respuesta en el hecho incontrovertible de que piensa, ahí empieza el problema. Hay ser pensante. ¿Y? ¿Puedo fiarme de mis propias apariencias? La vulnerabilidad de nuestra experiencia íntima se revela de muchas maneras, pero sobre todo a través de que a una morada interior le siguen otras tantas. Es la dinámica de

Vulnerabilidad

autoconciencia, donde lo extraño y lo familiar se suceden una y otra vez. Siendo este el preámbulo de todo asunto, entonces la pregunta que de verdad promete ser realmente reveladora es: ¿a qué viene tanta ansia por fortificar el «yo»?

*Lo previo*

Si Descartes puede dudar es porque, en efecto, duda de algo. Esto significa que la duda no es lo primero. Si se puede dudar de algo es porque hay algo sobre lo que dudar, ya que dudar es una acción intencional, que tiende a alguna cosa. Se duda de un objeto concreto, aunque se acabe dudando de todo. Falta saber de qué está hecho ese algo, el acertijo último de la duda. Si una idea, una ilusión u otra cosa. Pero que hay algo es incuestionable.

Ese «algo» se representa como una alteridad, como otra cosa, trascendente a la identidad que se construye. Preguntar es alterarse por algo, tomar distancia frente a lo que se pregunta y provisionar una resolución en forma de respuesta. Y para que ese proceso sea posible, tiene que haber algo sobre lo que preguntar, es decir, tiene que haber algo frente a mí que comparezca. Incluso en el terreno de la autoconsciencia esa alteridad siempre está presente. Cuando se pregunta por la constitución del protagonista de cada relato, del «yo», siempre queda «algo» por integrar.

Dejando de lado toda la dinámica psicológica presente en la construcción de la identidad del «yo» y yendo a lo fundamental, ese algo que acabamos de mencionar es lo *alter* al *ego*, lo que lo constituye radicalmente. Buscando el «yo» lo que se encuentra es lo otro en el «yo». Podríamos llamarlo «ser», «vida», «misterio». O si se es más positivista, «materia» o «energía». En todos los casos la existencia no se constituye desde sí misma, sino que cada individuo solamente es factible presupuesta su alteridad. Se está a expensas de la existencia como se lo está de un don. El fenomenólogo francés Michel Henry proponía la noción de «manifestación» como vector de la filosofía.[26] El «ser» se encuentra en todas las cosas realizando la esencia de una presencia. Pero el ser es siempre el «ser-de», un concreto, un particular, de manera que es siempre una concreción el foco de la pregunta que busca descifrar su sentido.[27] El ser de la realidad humana debe tomarse entonces como el punto de arranque de la problemática del ser en general, entendiendo por realidad humana toda su condición, también la carnal.

26 *L'essence de la manifestation*, París, PUF, 2003. J.M. Esquirol ha desarrollado la noción de afectabilidad como estructura nuclear de la experiencia, dando cuenta asimismo de la idea de la autoafección de la vida misma de M. Henry (cf. J.M. Esquirol, *La penúltima bondad*, Barcelona, Acantilado, 2018, pp. 26-49). También Hartmut Rosa, que ha desarrollado el concepto de «resonancia» como clave socioantropológica, ha propuesto recientemente tomar la afección como punto de partida para pensar lo «indisponible», que es otro concepto que liga al de «resonancia» (cf. H. Rosa, *Lo indisponible*, Barcelona, Herder, 2021, p. 54). Especifica que «resonancia» implica que el sujeto se deje conmover y, por lo tanto, esté en «disposición para volverse vulnerable» (*ibid.*, p. 82). Rosa parece alejarse así de la noción de vulnerabilidad como condición metafísica que aquí proponemos; condición para todo lo que sucede en la vida, sea bueno o malo. Además, da la sensación de que esa vulnerabilidad se proyecta a la relación del sujeto con lo de «afuera», y no a cualquiera de nuestras vivencias. Cuando resulta que la posibilidad de la «resonancia» presupone la definición, estabilización y diferenciación de lo que resuena, pero a su vez una íntima conexión entre aquello que resuena y aquel o aquella donde resuena, que implica difuminar los límites entre uno y otro. Es decir, que «resonancia» es, siguiendo nuestra imagen, otra expresión de la circularidad de la condición vulnerable, lo que viene a decirnos que antes de la resonancia está la vulnerabilidad, y como condición, no como posibilidad.
27 *L'essence de la manifestation*, *op. cit.*, p. 41 y p. 58.

Henry defendía que lo particular expresa lo general, de forma que la vida particular, mi vida, es un fenómeno de la vida en general, «la» vida. La vida trascendente que se da en el *ego* debe ser su último fundamento,[28] por eso a la mismidad *(le soi)* que Descartes llamaba «alma» Henry la denomina vida.[29] Y Henry sitúa la posibilidad última del pensamiento, que es donde se aprecia el ser, en la *afectividad* de la vida. La filosofía se constituye como una fenomenología de la vida subjetiva absoluta. La reflexión y pregunta por el «yo» apunta a un fenómeno primario: la autodonación de la Vida, que es la que permite explicar, postreramente, la afectividad del sí mismo singular.[30]

El *ego cogito* debe convertirse en tema de reflexión porque no está en el origen. Es doblemente pregunta para él mismo: por sí mismo, por su manifestación (o su esencia: ¿*quién* soy?); y por lo que se manifiesta con su manifestación, que no es su propio fundamento (su ser: ¿quién *soy?*).

Si una filosofía de la vulnerabilidad toma la imagen de una circularidad inconclusa e imperfecta es porque su punto de partida, la pregunta del «yo» por el mundo o por sí mismo, es incesante. Y en este doble sentido: el esencial (¿qué es el mundo, qué soy «yo»?) y el existencial (¿por qué hay mundo, por qué existo?). La reflexión lleva de una cosa a otra y no se agota, aunque a veces se pretenda salir por la tangente, es decir, se quiera cerrar el círculo.

28  *Ibid.*, p. 53.
29  «Sur l'Ego du Cogito», en *Phénoménologie de la Vie* II. *De la subjectivité*, París, PUF, 2003, p. 81.
30  «*Le Soi singulier s'auto-affecte, il est l'identité de l'affectant et de l'affecté mais il n'a pas posé lui-même cette identité. Le Soi ne s'auto-affecte que pour autant que s'auto-affecte en lui la Vie absolue*» (*C'est moi la Vérité. Pour une philosophie du christianisme*, París, Seuil, 1996, p. 136).

## II. *Pathos* de la vulnerabilidad

En el terreno de lo existencial es donde más claramente se manifiesta la condición vulnerable. La pregunta se convierte en aporía y en herida existencial. Es el misterio más claro y diáfano y el que queda sin resolver. Hay algo, sí, ¿pero por qué? Una interrogación que no es una mera inquietud intelectual y que no trasluce lo que parece que se pregunta. La zozobra de la propia existencia no es que se exista, en genérico, sino que se exista así, finita y contingentemente. La pregunta de por qué y para qué hay «ser» es una lejanía intelectual de la experiencia íntima de la precariedad, de la asunción de la existencia como don, de que hoy se está y mañana quién sabe. Es la experiencia más radical de todas y donde la expectativa se hace más urgente. Es la pregunta que acompaña a todas las preguntas y la que puede que no tenga respuesta.

En el ámbito de la pregunta por la esencia, por aquello que son las cosas y uno mismo, el serpenteante e inacabado proceso de identificación y reinterpretación no puede producirse sin la interacción de varios tipos de alteridad. Sin las herencias recibidas (genéticas, filogenéticas, socio-educativas, económicas y hasta espirituales) ni las deudas contraídas que han permitido y permiten haber llegado hasta aquí. Los demás nunca están de más y pocos eventos hay más mestizos que cada uno de nuestros «yo». O extimidades, como propusiera Jacques Lacan.[31] Si la intimidad asusta, más lo hace saber que no hay intimidad pura. Lo absoluto en lo humano es su relatividad, es decir, su relacionalidad.

Lo interesante es que esta alteridad constitutiva de toda experiencia se experimenta como cercanía y lejanía, como

---

31   Usada por primera vez en 1958 por Lacan en su seminario «La ética del psicoanálisis», Jacques-Alan Miller desarrolló y sistematizó en cierta medida este neologismo lacaniano. (Cf. J.-A. Miller, *Extimidad. Los cursos psicoanalíticos*, Buenos Aires, Paidós, 2010).

intersección. En la autoconsciencia la inquietud se curva sobre ella misma buscando anular toda distancia. Pero siendo consciente de que soy consciente lo que descubro es que hay dos modos de ser; es decir, una alteridad íntima. Dos yoes que se relacionan e interpelan porque uno es activo, el que piensa, y otro es el pasivo, el pensado. Y es en el hiato de esa experiencia, en el intento *interruptus* de que la curva se cierna sobre ella misma donde pasa lo relevante.

¿Quién piensa y quién es pensado? ¿Y por qué lo pregunto? En definitiva: ¿quién soy?

Ante la tesitura de tener que hacer algo con ese «yo», hay quienes asumen que, se haga lo que se haga, todo es un teatro. Qué más da si se opta por esta o aquella máscara, si se interpreta este o aquel personaje. Si debemos representar la vida quizás de lo que se trata es de encontrar el mejor guion, el que más convenga. Es una ética de la conveniencia que mira por ella misma y nada más. En la parte contraria están los que aspiran a representarla por sí mismos, como si la tarea fuese descubrir aquello estable que se encarna. Una ética de la autenticidad que destila una voluntad de quietud y resolución del quiasmo de la identidad sin depender de otras cosas.

No es lo mismo lo uno que lo otro, sin duda, pero en ambos casos se soslaya un elemento fundamental: que la alteridad existencial, esencial e intersubjetiva forma parte de la constitución de cualquier experiencia, y que sin una asunción sostenible de esas alteridades no hay mismidad que sobreviva. Las implicaciones éticas y políticas que emergen de esta relacionalidad son claras e inequívocas y constituyen en cierta medida una enmienda a ambas posibilidades, como en la segunda parte tratamos de explorar.

II. *Pathos* de la vulnerabilidad

*Casus vitae*

Sin afán de considerar los planteamientos filosóficos de Descartes como respuestas defensivas a episodios traumáticos de su vida, sí es verdad que algunos de esos amargos trances abonaron actitudes que permitirían comprender mejor alguna de sus posiciones.[32] Por ejemplo, la muerte de su madre teniendo él apenas un año parece que le dejó una continua sensación de desprotección y desconfianza a lo largo de su vida. Ya en el colegio de la Flèche, regentado por los jesuitas, comenzó a desarrollar desde temprana edad un marcado carácter de autonomía intelectual. Algo que probablemente también le ayudaba a sobrellevar mejor las dificultades de su vida, debilitada ya por entonces en el plano de la salud física. Por otro lado, su padre, que pronto se casó en segundas nupcias, no tuvo una relación de cuidado emocional con él, por eso se discute si un Descartes ya adulto se mostró realmente afectado con su muerte.[33]

Quizás todas estas vivencias hicieron que, al mismo tiempo que Descartes refinaba su inteligencia y daba rienda a una insaciable voluntad de saber, transmitiera la sensación de preferir la soledad a la vida social.[34] Una autonomía, asumida a lo mejor como una forma de poder sobrellevar la herida emocional vivida, que tendría que ver también con la

---

32  Cf. E. Garin, *Descartes...*, *op. cit.*, pp. 12 ss.; B. Williams, *Descartes. El Proyecto...*, *op. cit.*, pp..17 ss.; B.-A. Scharfstein, *Los filósofos y sus vidas. Para una historia psicológica de la filosofía*, Madrid, Cátedra, 1984, pp. 134-151; D. M. Clarke, *Descartes. A biography*, Cambridge, Cambridge University Press, 2006, pp. 6 ss.; G. Rodis-Lewis, *Descartes. Biografía*, Barcelona, Península, 1996, pp. 17 ss.
33  R. Ariew, «Introduction», en R. Descartes, *Philosophical Essays and Correspondence*, Indianapolis/Cambridge, Hackett, 2000, p. XI.
34  A pesar de que hay constancia de intensas relaciones amistosas a lo largo de su vida (cf. G. Rodis-Lewis, *Descartes...*, *op. cit.*, pp. 44-45).

## Vulnerabilidad

voluntad de escudriñarlo todo por cuenta propia y la consiguiente autogeneración de la certeza de su ser. El *cogito ergo sum* no pudo salir de la nada, pues también Descartes antes que adulto fue niño. Asimismo, el interés por la medicina, entendida como la posibilidad de saber y hasta controlar los destinos de la vida y auspiciar una proximidad corporal con la que poder interactuar sin riesgo (un cadáver no muerde), podría tener que ver con todo esto.

Uno se imagina que Descartes era tan inteligente como frío, distante y hasta altivo, sobre todo con quien consideraba inferior. Pero, no obstante, también era una persona sensible a las críticas, dando fe de que ese «yo» tan impermeable e impertérrito no lo era tanto. Además, parece que le inquietaba el paso del tiempo. Como si de un transhumanista *avant la lettre* se tratara, Descartes incluso albergó deseos de encontrar algún modo de revertir el envejecimiento.[35]

Descartes tuvo una hija. Fruto de una relación con Helena Jansdr vander Storm, sirvienta en una de las casas en las que se alojó, la pequeña Francine fue reconocida por Descartes como su hija, aunque no le dio su apellido y en ocasiones la presentaba como su sobrina. Lastimosamente, Francine, que había nacido en 1635, murió a los cinco años, sumándose así a la negra lista de tragedias cartesianas. Sorprende que un filósofo que hizo de la verdad su cruzada mantuviera semejante falsedad sobre su auténtico parentesco con Francine, a pesar de que se afirma que realmente amó a su hija. Existen leyendas que evocan un afligido Descartes[36] desarrollando

---

35 B. Williams, *Descartes. El proyecto*..., *op. cit.*, p. 30.
36 A pesar de que el interés de Descartes en la publicación de sus *Meditaciones metafísicas* no pareció resentirse por el suceso de manera sostenida, ni tampoco que después pensara mucho en esa prematura muerte (Cf. D. M. Clarke, *Descartes. A biography, op. cit.*, pp. 134-135).

## II. *Pathos* de la vulnerabilidad

una réplica mecánica de la pequeña. Nunca se encontró tal autómata, si bien la misma historia cuenta que fue arrojado al mar por un capitán incapaz de soportar el horror causado por la visión de tal artefacto. Fuese o no cierto, lo relevante es que no hay duda de que Descartes hubiese podido llegar hasta el punto de desarrollar un artilugio que mitigase la profunda nostalgia causada por la pérdida de su amada hija. Las redenciones que los humanos nos procuramos frente al dolor son impredecibles.

Descartes es el adalid por excelencia del racionalismo. Y sí, en efecto pensamos, no hay duda, pero no solamente. Incluso puede que pensar no sea la función primaria de la incógnita que encarnamos. Nuestra base es que somos seres sensibles cuya biografía representa la concatenación de los afectos recibidos y entregados. Aun así, hay que ser muy precavidos a la hora de reducir todo a una explicación. Podemos intentar imaginar por qué Descartes escribió lo que escribió a partir de posibles explicaciones biográficas, pero saber por qué pensó lo que pensó, no lo sabremos. Un vicio muy propio de filósofos (y no solo de filósofos) es que construimos con demasiada facilidad conexiones existenciales explicativas, cuando lo cierto es que no siempre somos capaces de reconocerlas ni siquiera en nosotros mismos.

El *leitmotiv* de buscarse a sí mismo, que presupone poder encontrar algo ahí quieto e inamovible, es una aspiración que, observada con detenimiento, no solamente se revela como una quimera, si no directamente como una contradicción. Es como tratar de parar el tiempo para hablar del tiempo, pretendiendo que la experiencia interna no se desarrolle gracias a la temporalidad, tal y como formuló Kant en relación al sentido interno y luego desarrolló, existencialmente, Martin Heidegger. Y, además, aunque el hallazgo del «verdadero yo» fuese posible, sería de discutible utilidad, porque no está claro que ese conocimiento reporte notas características con relación a la búsqueda de ese otro gran rompecabezas que llamamos felicidad. No hay un momento en que uno pueda decir de sí mismo «ahora sí, llegué. Me conozco». Estar con uno mismo o encontrarse con uno mismo es, en sentido estricto, una falacia. Aunque curiosamente en esa intersección, en el sentirse desubicado en medio de esa selva interna, en la distancia entre el «yo» imaginado y ese que lo protagoniza y que no para de cuestionarlo, es cuando se va constituyendo el ajuste de cuentas, el proceso de (des)identificación que desplegamos día a día. Lo único que esto nos permite certificar es que nos identificamos, aquí y ahora, como x o y. Que protagonizamos un relato y que lo contraponemos a las imágenes de nosotros mismos que sí sabemos, aquí y ahora, que se alejan más de lo que creemos que somos. Un enmascaramiento y desenmascaramiento continuo que, además, de puertas adentro es uno y de puertas afuera toma otras formas. Con todo, y a pesar de que parezca contradictorio, ser persona es exactamente esto: saber que somos y no somos los mismos, y que eso no significa que podamos ser cualquiera.

*Fe y razón*

El incesante flujo de elementos externos e internos que continuamente nos afectan nos lleva, por fuerza, a estar inquietos, cuando no directamente a sentirnos agotados. El «yo» no puede ser el único fuerte seguro en el que resguardarse de la intemperie porque él mismo, además de finito y contingente, es producto de este circuito de afectos y afecciones que

## II. Pathos de la vulnerabilidad

conforman su biografía. Hay que tratar de contrarrestar esa agitación también por otra vía.

Una manera es encontrar apoyos en las relaciones personales o con otros seres vivos que hagan más soportable esta fragilidad. Otra, acudir a otras esferas. Para Descartes la contrapartida a esa fragilidad la proporciona la idea de Dios. Podría haber sido cualquier otra instancia que hubiera considerado como «perfecta», es decir, que se mantuviera impertérrita al devenir, completamente hecha y sin nada que añadirle *(perfectum)*. Como cualquier instancia absoluta e independiente que se convierte en garantía y punto arquimédico (el progreso, la materia, la energía o una «divinidad») plasma esa trascendencia de la que todo lo relativo pende.

No todas esas instancias son iguales, sin duda, pero sí parecidas en su verticalidad. Unas más abstractas, otras más simbólicas, otras netamente antropomórficas, todas guían y otorgan seguridad. No son un punto de vista, si no el punto de fuga. La nostalgia colmada de un refugio, una casa, la verdad primigenia a la que siempre poder retornar.

Una vez más, sin embargo, querer no es poder, y el itinerario cartesiano es también paradigmático en este punto. La expectativa de Descartes transita por dos trayectorias de sentido opuesto que revelan cómo funcionamos. En primer lugar se asciende a la verdad, en singular; luego, se desciende a su relatividad. Como si las máscaras de esa verdad no soportaran la carga de nuestros desmedidos anhelos y acabaran por reclamar también su derecho a la vulnerabilidad, la incertidumbre acaba por reaparecer.

Comencemos por el ascenso. Aquí lo decisivo reside en cómo explicar el origen de la idea de «perfección». De lo que es perfecto en sí, que, por serlo, además debe existir. Nada en el mundo permite fabricar esta idea, dice Descartes, y menos por negación. Nuestra imperfección solamente puede pensar lo imperfecto, pero no lo perfecto. De manera que si tenemos la idea de lo perfecto es porque lo Perfecto la ha puesto en nosotros. Así de fácil. Y solamente puede ponerla si existe, de lo que deduce que es necesario que lo Perfecto exista. Estamos en la lógica del argumento ontológico de la existencia de Dios, que conjuga los conceptos entre sí para derivar de la idea de lo perfecto su existencia. En este caso, Descartes pivota el desarrollo de su argumentación más en la noción de perfección que en la de inmensidad, a diferencia de lo que hiciera unos cuantos siglos antes Anselmo de Canterbury.[37] No obstante, el ansia de Descartes no es la idea de perfección. Su aguijón es que él duda, que es inconstante y que se entristece.[38] Es la tríada cartesiana que junta en un mismo sentir el hiato epistemológico, el impedimento motivacional y el reverso pasional. El nudo real es el dolor que causa la incertidumbre y el cansado destino de tener que convivir con ella. Y Dios, para el ojo cartesiano, no puede vacilar, ni dudar, ni entristecerse. Es su némesis. Descartes se hubiera alegrado de verse libre de ellas, de la duda, la inconsistencia, la tristeza, sin a lo mejor reparar en que esas mismas experiencias son las que permiten la alegría, la esperanza y el amor. Que la

37  F. Alquié destaca, sin embargo, que la experiencia metafísica cartesiana es precisamente la de la infinitud: «*L'infini est donc la condition de toute pensée*» (*La découverte...*, *op. cit.*, p. 207). De algún modo Alquié observa que esto lo acerca a San Anselmo (pp. 228 ss.), pero hay que advertir que la diferencia entre un argumento ontológico estructurado en torno a la idea de inmensidad (como la del *Proslogion* anselmiano, por ejemplo) o a la idea de perfección comporta importantes consecuencias, también epocales. Lo perfecto sería más afín a una mentalidad moderna. Para los interesados en el desarrollo y alcance de esta distinción, en *Los confines de la razón* (Barcelona, Herder, 2013), donde se trata la cuestión de Dios como pregunta filosófica, hago una referencia a la terminología cartesiana (pp. 113 ss.).
38  «*Comme je voyois que le doute, l'inconstance, la tristesse, et choses semblables*» (R. Descartes, *Discours de la méthode*, *op. cit.*, p. 35).

## II. *Pathos* de la vulnerabilidad

imperfección hiere, sí, pero que el precio de la perfección es la imposibilidad de afectarse por la alteridad. El *Discurso del método* como metáfora de la filosofía y de la estrategia de los saberes encuentra aquí su enseñanza más transversal, aquella que no se explicita. Lo feo y lo bello de la vida remiten a una misma fragilidad constitutiva y nos muestran que vivir es, en todo caso, un riesgo. Es por querer a toda costa este hogar impermeable que Descartes busca al «Dios» garante. Un «Dios» de la razón, geómetra del mundo. Un «Dios» impasible, que no puede llorar y que, quizás, no puede amar, porque si no se conmueve no ama. Sin vulnerabilidad no hay amor.

Sin embargo, esta seca «perfección» de Dios es lo que le permite resguardarse de lo que realmente le atormenta: que alguien lo pueda engañar. Por fin la certeza anhelada, el sosiego deseado y la misión del método completada. El silogismo que desbarata esa desconfianza y que no puede fallar: si «Dios» es perfecto, no puede engañar, de lo contrario no sería perfecto porque su voluntad no sería buena y se inclinaría por lo que no es verdad. De lo que no se fía Descartes es, pues, de la voluntad ajena, por eso acude a su razón para saber qué puede y qué no hacer la divinidad. Lo que garantiza su paz no es el Otro divino, si no la razón que lo acota.

Buscando esa evidencia incólume llegó incluso Descartes a proponer la hipótesis de un genio maligno, un poderoso hechicero y embustero que con su arte, sofisticado, llevara a gran engaño al más sensato de los humanos. Haciendo pasar por verdaderas cosas que, por muy increíbles que parecieran serlo, no lo eran, haría del mundo un engaño. Pero el genio maligno, de existir, sería todo menos genio, pues Descartes lo habría descubierto. Aunque sí maligno, que es lo que realmente atormenta de esta hipótesis tan extravagante.

Vulnerabilidad

El asunto que esconde el problema de la idea de lo perfecto y del genio maligno es la posibilidad de la mentira, que Descartes plantea como una cuestión de lógica metafísica. El escepticismo era una de las características generales del ambiente cultural en los tiempos de Descartes, pero la cuestión no es meramente intelectual porque lo principal es precisamente la voluntad que está en la base de toda acción. Es querer o no querer mentir, porque es posible que, sin ser perfectos, los humanos no queramos mentir.

El argumento de la imposibilidad de engañar hace a su «Dios» rehén del bucle de la razón, hipoteca su libertad y, en consecuencia, certifica su límite. «Dios» no puede ser verdaderamente libre si no tiene alternativas; aunque si puede elegir, entonces siguiendo la lógica cartesiana, no es perfecto. El dilema es irresoluble.

Pero para Descartes no hay dilema. Control y orden, como prioridad epistemológica, compañía y confianza, como necesidad existencial. La afirmación de lo divino funciona también a modo de bálsamo para la soledad existencial,[39] amplificada por un insidioso aislamiento vital.[40] Ese parece ser el interés primero de una razón sensible y herida.

Sería temerario considerar a Descartes un ingenuo. El punto culminante de la fatigosa epopeya cartesiana pone de relieve cómo tendemos a funcionar todos casi sin excepción. Permútese «Dios» por cualquier otro elemento elevado a rango de absoluto, inmóvil y principio explicativo, y se hará más fácil ver hasta qué punto cada uno de nosotros somos,

---

39  F. Alquié, *La découverte métaphysique...*, op. cit., p. 253.
40  E. Garin, *Descartes...*, op. cit., p. 191. También E. Cassirer destaca la soledad y aislamiento de Descartes, quizás como consecuencia de vivir toda relación científica como una agónica lucha competitiva (E. Cassirer, *El problema del conocimiento*. Vol. *1*, México, FCE, 1993, p. 512).

## II. *Pathos* de la vulnerabilidad

de alguna manera, cartesianos. Queremos conocer, y no por el placer de conocer, que viene a ser una explicación secundaria. Asentimos para controlar, para mantenernos a rebufo y con las riendas de la existencia en nuestras manos. Y sí, las hay. Hay certezas, hay verdades y hay conocimientos. Pero nunca totalmente ciertas, ni verdaderas, ni completos. Las ciencias no avanzan si no por la precariedad de sus resultados. Es la conocida tesis del falsacionismo, que en vez de buscar aquello que corrobora una determinada tesis científica (que implica un proceso de verificación que no acaba nunca porque siempre puede quedar algo por demostrar), opta por el camino contrario y va tras aquellos elementos que la refutan. Es una ciencia que se pone constantemente frente al espejo.

Hablando de circularidades, el matemático Pierre Gassendi, contemporáneo y crítico de Descartes, fue de los que señaló y denunció la circularidad que el procedimiento de Descartes pondría en liza con la idea de Dios: lo que garantiza la verdad de los pensamientos claros y distintos del *ego cogito* sobre el mundo es que Dios existe y no puede engañar, una verdad que viene impuesta, a su vez, por la evidencia clara y distinta de la noción de perfección que certifica el *ego cogito*. En otras palabras, que el mecanismo de acción de la propia duda es demasiado potente como para ser superado. Que siempre queda la posibilidad del error, del espejismo de la realidad que no es tal.

¿Por qué creer que nuestras facultades no pueden engañarnos? ¿No permiten ya que nos engañen los sentidos? ¿O es que los sentidos no nos hacen ver oasis donde solamente hay desierto? Si dudamos de la existencia del mundo, ¿cómo estar seguros de poder desvelar todos los errores que llegamos a cometer? ¿No podría ser que la victoria final de ese genio

Vulnerabilidad

maligno tan temido no fuese precisamente hacerle creer que puede lograr saber lo fundamental? Comienza así la fase de descenso.

El problema para Descartes es que ni siquiera las matemáticas tienen garantizada *per se* su veracidad. Al revés, es la confianza en Dios la que se la asegura. En 1630, unos cuantos años antes de la publicación de sus obras mayores, Descartes remitió a su amigo Marin Mersenne unas cartas en las que ya asumía que las verdades eternas, entre ellas las de las matemáticas, lo eran porque habían sido creadas por Dios.[41] Eran verdades, sí, y eternas, pero creadas. Más allá de lo paradójico que es que algo pueda sea eterno y creado a la vez, lo remarcable de esta tesis es que el hecho de que dos y dos sean cuatro,[42] o que todos los radios de una circunferencia perfecta sean equidistantes del centro, son verdades porque Dios quiere que así lo sean. Es decir, que Dios podría hacer que la suma de dos y dos no resultase ser cuatro o que los radios de una circunferencia perfecta no fuesen idénticos. Es lo que en la tradición filosófica se conoce como voluntarismo, el primado de la voluntad divina sobre la razón.

41  Cartas de Descartes a Mersenne del 15 de abril, del 6 de mayo y del 27 de mayo de 1630 —esta última con algún interrogante por parte de los editores— (cf. R. Descartes, *Oeuvres de Descartes. Vol. I, op. cit.*, pp. 135-154).
42  En una carta al filósofo y matemático A. Arnauld del 29 de julio de 1648 (R. Descartes, *Oeuvres de Descartes. Vol. V*, París, L. Cerf [ed. Adam-Tannery], 1903, p. 224) escribe Descartes: «No me parece que pueda decirse que en algún caso no pueda hacer Dios alguna cosa, pues como la razón de ser de lo verdadero y lo bueno dependen de su omnipotencia, ni siquiera me atrevería a decir que Dios no puede hacer que haya un monte sin valle, o que la suma de uno y dos no sea tres; lo único que digo es que él me ha dado una mente tal que yo no puedo concebir un monte sin valle, o que la suma de uno y dos no sea tres, etc., y que tales cosas implican contradicción en mi concepto» (traducción tomada de: R. Rovira, «¿Puede hacer Dios lo imposible? Sobre la concepción cartesiana de la omnipotencia divina», en *Revista de Filosofía*, 10 [1993], p. 330).

## II. *Pathos* de la vulnerabilidad

La certeza de la razón descansa en la buena fe de la voluntad divina, que la hace ser exacta. Nos movemos en el terreno de la convicción íntima y, por lo tanto, de su fragilidad. Que algo sea frágil significa que se puede romper, partir por la mitad. Y la razón es frágil, como todo lo humano. En las antípodas del ansia de autosuficiencia de la razón cartesiana, nuestra condición vulnerable comporta que todo quede, en definitiva, a la expectativa, a la espera de ver cuál es la magnitud de nuestro error de cálculo. Por eso Descartes *quiere* que Dios no le sorprenda. *Quiere* que sea como él lo piensa, del mismo modo que Dios ha querido que los tres ángulos de todo triángulo sumen 180 grados. Pongamos en lugar de ese «Dios» el sentido común y constataremos cuan crédula es también nuestra convicción racional.

Así que cuidado con la advertencia de Pierre Gassendi. Si el mecanismo de acción de la propia duda es demasiado potente como para ser superado, no hay certeza sin voluntad de creer en ella. Y eso comporta abrir las puertas a la posibilidad de la idolatría. Según cuenta el *Libro del Éxodo*, el pueblo de Israel, no soportando más la espera de la vuelta de Moisés, se construyó un becerro de oro. Moisés, que había subido al monte Sinaí (donde recibiría las Tablas de la Ley) dejó por cuarenta días y cuarenta noches a su pueblo huérfano de liderazgo y de certezas, y parece que ante la zozobra de quedarse sin esa sensación de control no dudaron en construirse su becerro, su ídolo, y con las mejores apariencias.

Oponer filosofía a creencia es una forma sencilla pero imprecisa de explicar el circuito de las ideas. Siempre sobrevive algún tipo de crédito, algo en lo que confiar. Incluso el escepticismo más extremo, que no deja de ser la plasmación de una verdad que se asume como indudable, es una afirmación que confía en ella misma.

Vulnerabilidad

Más allá de todo discurso emerge el Misterio, y en este punto hay que tener en cuenta que ídolo e idea comparten etimología, y desde los tiempos de la Antigüedad *eîdos* queda vinculado con la «vista».[43] Si todos tenemos una visión del mundo, una perspectiva de las cosas, en cierta forma todos estamos expuestos a los excesos de nuestras idolatrías. La cuestión es que, puestos a generar ídolos, que al menos tengamos las ideas claras al respecto y no los dejemos fuera del debate crítico. Y, puestos a pedir, que los ídolos socioeconómicos que nos construyamos sean completamente propicios y no tan cainitas.

*La razón en el mundo*

Trece siglos antes que Descartes, Agustín de Hipona (354-430) formuló lo siguiente: «¿Y si te engañas? Pues, si me engaño, existo. El que no existe, no puede engañarse, y por eso, si me engaño, existo. Luego, si existo, si me engaño, ¿cómo me engaño de que existo, cuando es cierto que existo si me engaño? Aunque me engañe, soy yo el que me engaño, y, por tanto, en cuanto conozco que existo, no me engaño».[44] Y añade: «buscando, digo, de dónde juzgaba yo cuando así juzgaba, hallé que estaba la inconmutable y verdadera eternidad de la verdad sobre mi mente mudable».[45]

43 El imponente trabajo de reconsideración y reformulación metafísica que Jean Wahl llevó a cabo hace unas décadas lo subraya como elemento fundante, y por eso mismo crítico, de cualquier experimento metafísico (cf. *Tratado de metafísica*, Madrid, FCE, 1960, p. 12).
44 *Ciudad de Dios*, XI, 26, en *Obras completas*, vol. XVI, Madrid, Biblioteca de Autores Cristianos, 1958.
45 *Las confesiones*, VII, 17, en *Obras completas*, vol. II, Madrid, Biblioteca de Autores Cristianos, 1979.

II. *Pathos* de la vulnerabilidad

Se trata de una convergencia conocida y estudiada.[46] ¿Significa que Descartes conoció la obra de Agustín, quizás en sus años de formación en la Flèche? Así lo parece. Es más, cita expresamente al obispo de Hipona.[47] E incluso puede que no sea ni la única ni la más importante influencia. Las hay más cercanas en el tiempo y de semejanza todavía más evidente.[48] Y entonces, ¿le quita esto mérito a Descartes? ¿Es inmerecida toda la fama cosechada?

Son preguntas que más que dudas traslucen sospechas. Sospechas de una influencia directa. A veces no somos seres que dudan, si no seres que sospechan, y sospechamos de algo no por ignorancia sino por lo contrario. La sospecha pretende destapar falsedades porque cree saber lo que se esconde

46 Las semejanzas son evidentes: repliegue ante el mundo, voluntad de respuesta al escéptico, búsqueda de la perfección a través de la idea de «perfección», intelectualismo en el argumento de la existencia de Dios, identidad de ser y conocer (cf. R. Ávila, *Lecciones de metafísica*, Madrid, Trotta, 2011, p. 109; K. Lowith, *Dio, uomo e mondo nella metafisica da Cartesio a Nietzsche*, Roma, Donzelli, 2000, pp. 19 ss.). Pero también hay diferencias, y sustanciales. Alquié destaca, por ejemplo, que a diferencia del aislamiento del alma pensante agustiniana, el *cogito* cartesiano expresa estar en relación con el mundo que lo circunda (*La découverte métaphysique...*, op cit., p. 198). J.-L. Marion subraya, apoyándose en la fuerza metafísica del *cogito* como sustancia del *Discurso*, que a diferencia de San Agustín, Descartes sitúa en el *cogito* el primer principio de la filosofía, y no en la divinidad (*Le prisme métaphysique...*, *op. cit.*, pp. 141-148).
47 J.-L. Marion destaca este extremo en *Le prisme métaphysique..., op. cit.*, p. 139.
48 La más evidente y apabullante es con la sentencia del español Gómez Pereira, que se encuentra en su libro *Antoniana Margarita*, de 1554: «*Nosco me aliquid noscere, et quidquid noscit, est, ergo ego sum*» («conozco que yo conozco algo, todo el que conoce es, luego, yo soy»). Descartes tuvo que justificarse esgrimiendo que no conocía la obra de Gómez Pereira, lo que precisamente sí da cuenta de que, primero, se conocía suficientemente la obra en su tiempo como para establecer la comparación, y, segundo, que dicha comparación era lo suficientemente extendida como para que Descartes supiera de ella y tuviera que escribirle a Mersenne en una carta del 23 de junio de 1641 que no tenía nada que ver con ella y que por eso no tenía gran necesidad de ver la obra.

## Vulnerabilidad

debajo de las apariencias. Busca tras las máscaras una verdad escondida. La sospecha no tiene que ver con el error, sino con la certeza de que se quiere hacer pasar algo por lo que no es. Si el error es un problema epistemológico, la sospecha es un asunto anímico.

No es nuestra intención aquí juzgar a Descartes, aunque la cuestión ahí está y tiene, *a priori,* sus motivos. En cambio, lo que sí nos interesa alrededor de este asunto y a estas alturas de nuestro itinerario es que preguntarse hasta qué punto Descartes fue original en sus posiciones pone sobre la mesa la necesidad de establecer una comparación, una aproximación crítica a uno y otro pensador, disponiendo y conjugando diversos elementos. Y comparar, como ahora trataremos de mostrar, tiene que ver, sustancialmente, con la manera de funcionar de la racionalidad vulnerable.

Comparar es, en efecto, un ejercicio de confrontación; es poner una cosa frente a otra, suscitando a que pasen cosas entre ellas. A diferencia del monólogo, decíamos, el diálogo se abre a la relación, a hacer pasar a través de las propias contradicciones otras razones, llevando de un lado a otro (eso significa *re-latio*) las opiniones de unos y otros.

Existe cierta opinión que recela de las comparaciones. Son odiosas, se advierte. Y lo pueden ser porque las más de las veces nacen de oscuros deseos nada halagüeños que se esconden tras de sí: envidias, celos y desconfianzas hacia el prójimo y hacia lo propio que ennegrecen las relaciones. Realidades afectivas que en muchas ocasiones no deseamos que estén y que son también parte de ese «yo». Pero la comparación no tiene por qué ser agónica. Es más, la comparación lo único que no puede ser es agónica, a vida o muerte, a todo o nada. Comparar no es juzgar, sino todo lo contrario. Comparar es de antemano suspender el juicio porque en la

II. *Pathos* de la vulnerabilidad

comparación lo que se pone en cuestión es la identidad y la diferencia de las cosas que se comparan. La estrategia del «todo remite al agua» de Tales de Mileto (s. VII-VI a.c.),[49] a quien podríamos considerar el primer filósofo de Occidente, es el claro ejemplo de lo que no es una comparación. «Esto remite al agua», sería la única formulación posible. Y lo es porque siempre puede haber algo que no lo sea. Lo que se hace insostenible es el «todo», que agota la posibilidad de una alteridad. Y la alteridad es constitutiva de cualquier experiencia. ¿Podríamos decir «todo remite al agua» si nuestro medio fuese el acuático y no pudiéramos salir de él?

Aquí vamos por otra vía, la ya consabida circularidad inconclusa e imperfecta que nos permite conjugar las dos caras de una moneda. El camino de la aceptabilidad y vulnerabilidad de cualquier afirmación que nos permite decir que: 1) afirmamos algo; 2) dudamos de que esa afirmación de algo sea total; 3) al dudar llegamos a una verdad, que es una verdad vulnerable. De modo que hay verdad y no-verdad a la vez, y permanecen, porque ninguna vence a la otra, sino que se complementan. Son relativas.

Ahora damos un paso más y descubrimos que la relatividad de cualquier verdad es lo que la lleva a entrar en comparación con otras verdades. Es decir, dado que ninguna verdad puede agotar «todo» lo verdadero, puede encontrar en otras verdades un complemento a ella misma.

Observemos con atención lo que esto significa: para que dos verdades (o situaciones) puedan compararse, ni las semejanzas entre ellas pueden ser absolutas ni tampoco sus diferencias. De las semejanzas se asume, porque si no serían idénticas

---

49  Cf. Aristóteles, *Metafísica*, 983b.

y no habría nada que las diferenciase. Serían una y la misma verdad (o situación). Pero la diferencia entre ellas tampoco puede ser absoluta, pues de lo contrario no tendrían nada que ver. Si comparo la pretensión de verdad de una resolución de un problema matemático con la de una situación emocional, el rango posible de comparación se angosta mucho más que si se trata de dos soluciones matemáticas que se ponen una frente a la otra. Pero aun así es posible comparar un problema matemático y una situación emocional porque si se es capaz de encontrar un punto de semejanza, esas situaciones entran en relación.

Dicho de otra manera: si la alteridad constitutiva de la experiencia aparece en cualquier afirmación que se haga, es que cualquier experiencia es dialéctica, es decir, que puede entrar en diálogo con otras afirmaciones.[50] Que dos elementos no se correspondan entre sí se explica entonces porque no responden de la misma manera al elemento clave que se les exige cuando se los confronta. Es el criterio, y no las cosas en sí, lo que establece cuál es la diferencia entre ellas, porque cualquier cosa puede llegar a compararse con otra.

[50] La correspondencia entre hermenéutica y dialéctica (cf. H.-G. Gadamer, *La dialéctica de Hegel*, Madrid, Cátedra, 1981) es de obligado reconocimiento para la consideración ontológica de qué significa pensar. ¿Qué se interpreta y de qué modo lo que se interpreta subyace a lo que es interpretado? Es decir, ¿de qué modo lo histórico, por ejemplo, es en sí mismo una categoría ahistórica? ¿Hablamos de una estrategia trascendental o de una propiedad trascendente? Aquí proponemos que se trata de una estrategia trascendental, del pensamiento, porque representa una propiedad trascendente, la experiencia (la nuestra, claro está) de lo que llamamos realidad. Que esa representación sea una fotografía de lo que es, es una creencia. Lo mismo que su contrario. Es el límite trascendental y trascendente de la dialéctica, lo que permite que sea posible su interpretación. Lo que no comporta, no obstante, que sea automáticamente mentira, porque, en efecto, algo hay. Es decir, hay algo en lo que creer.

## II. *Pathos* de la vulnerabilidad

Si llevamos esta dinámica a nuestra comparación, la que confronta Agustín de Hipona con Descartes, constatamos que, a pesar de que sus formulaciones sean convergentes, hay diferencias sustanciales entre lo que nos dice Agustín de Hipona y lo que leemos de Descartes. Para empezar, no hay un discurso del método en Agustín ni tampoco una duda metódica, ni se trasluce una misma idea de razón ni menos aún, y aquí probablemente está la gran diferencia, se exhibe la misma noción de cuerpo. Dicho lo cual, y tomando la afirmación que acabamos de realizar de que es el criterio, y no las cosas en sí, lo que establece cuál es la diferencia entre ellas, si el criterio fuese, por ejemplo, estar delante de pensadores de tipo subjetivo, o de convicción teísta, o de tradición occidental, el sentido de la comparación sería otro.

Entonces, ¿hubo o no una influencia directa? Parece difícil saberlo. Pero la respuesta, que no puede ser agónica, pende de lo que se quiera poner de relieve. Hay motivos que acercan las posturas y también motivos que las alejan, así que el sentido de la respuesta remite a donde se ponga el acento. Ahora bien, si lo que se pide es una respuesta enfática, lo único objetivo que podemos establecer es que, en virtud del juego de relaciones circulares que aquí se propone, nos inclinamos a pensar que es probable que Descartes no se sacara de la chistera su *cogito*. Nunca sabemos a ciencia cierta el origen radical de una idea. Lo que no constituye ningún demérito porque nadie vive sin alteridades, y porque lo paradigmático del caso cartesiano, hemos dicho un poco más arriba, no está en este supuesto descubrimiento del «yo», sino en todo el movimiento alrededor de esa construcción simbólica alrededor del «yo».

Las cosas se parecen nada, poco, algo o mucho, pero en todo caso todas entran en la dinámica relacional. Depende de cuál sea la razón analogada privilegiada se decidirá si el

## Vulnerabilidad

parecido es nada, poco, algo o mucho, pero el flujo comparativo entre las entidades es incesante y, en consecuencia, revisable. Esto no implica que todo sea relativo, en el sentido coloquial que se da a la expresión. Porque, en efecto, no todo vale. La prevalencia de una u otra tesis se explica por la mayor o menor capacidad de dar razón de sí misma ante el criterio establecido.

Con esto no estamos diciendo nada nuevo que no haya explicitado la teoría de la «analogía» aristotélica y la medieval, que profundizan en la entidad de las palabras. Ni siquiera afirmar que las cosas «son» escapa a esa circularidad analógica. Es más, si algún concepto es el paradigma de la analogía es el concepto de ser. ¿O es que no es cierto decir que una idea *es*, un sueño *es*, un cuerpo *es* y este libro *es*?

Muchas de las críticas a la metafísica que la acusan de generar un mundo en paralelo al real casan poco con la tesis aristotélica de que el ser se dice de muchas formas.[51] Si el ser se dice de muchas maneras es que ninguna de esas maneras lo dice completamente, así que el discurso metafísico es, por propia dinámica, apertura. Como la razón vulnerable, que queda a expensas de las alteridades insospechadas que siempre están ahí o pueden estarlo, siempre queda algo por decir.

Razón metafísica y razón vulnerable se abrazan en su relatividad, en su analogicidad. Dado que no se puede estar sentado en todas las butacas del teatro del mundo, lo único evidente es que se tiene una determinada perspectiva de las cosas. Incluso aunque se recree virtualmente la suma de todas las perspectivas, esta no dejaría de ser una perspectiva más, y además de segundo orden.

---

51 Aristóteles, *Metafísica*, 1003b. P. Aubenque explicita magistralmente la gestación sistemática de esta tesis en *El problema del ser en Aristóteles*, recientemente reeditado (Madrid, Guillermo Escolar, 2017).

II. *Pathos* de la vulnerabilidad

*La razón vulnerable*

En ocasiones a uno le embarga la sensación de que vivir es como un eterno presente siempre en movimiento, en el cual hay que echar un vistazo al retrovisor biográfico para poder enfocar bien el tiempo que se proyecta hacia adelante. En este presente inquieto, que se sabe religado a un pasado y relacionado a un futuro, nuestra racionalidad tiene que ser dinámica y ágil. Está viva y debe sentirse como tal. Entre otras cosas porque nuestra razón está afectada por continuas apariciones y desapariciones de múltiples elementos que la obligan a posicionarse y reposicionarse constantemente. Siendo posible, además, que en cualquier momento suceda lo disruptivo, lo imprevisto. Por eso la nuestra es una razón que por propia idiosincrasia tiene que trabajar basándose en analogías. La razón humana es, de facto, analogía en acción.

La palabra griega *analogia* está compuesta de la partícula *ana*, que significa «reiteración» o «por sobre de», y de la partícula *logos*, que puede ser traducida como «palabra», «discurso» o «razón». Analogía significa comparación o relación entre varias razones o conceptos que entendemos que no son ni puramente idénticos ni totalmente diferentes. Es decir, cualquiera de los conceptos con los que tratamos de nombrar nuestras experiencias.

El ejemplo clásico para explicar la analogía es el adjetivo sano. ¿Es lo mismo un cuerpo saludable que un hábito saludable? ¿Es lo mismo una actividad corporal saludable (hacer deporte) que una acción espiritual saludable (ir al teatro)? Utilizamos indistintamente el adjetivo, aunque no para expresar lo mismo. Por principio «saludable» es un adjetivo referido a algún asunto médico, sin embargo también hablamos de relaciones sanas. Una amistad, por ejemplo, podemos decir que es sana.

En un inicio, la analogía se empleó para dirimir cuestiones semánticas, aunque posteriormente vino a conformar las relaciones que configuran lo que llamamos realidad. La cuestión que planteó Aristóteles en su libro *Categorías* es la que se refiere a la relación posible entre los nombres y su definición esencial, que podían ser homónimas, sinónimas o parónimas. Será sobre esta última noción que deberá buscarse lo aristotélico de la analogía del ser, el delicado punto de encuentro y relación de diferencia y similitud. Ahí donde queda señalado lo (im)propio de cada cosa.

Los comentadores neoplatónicos de Aristóteles explicaron las diferencias de significado a través de una reducción a aquello que necesariamente las asemeja realmente. Con ello, un problema que originalmente era más bien epistemológico o hermenéutico derivó en una cuestión metafísica, de forma que cuando uno se pregunta de qué modo «sano» puede ser aplicado a una realidad biológica o una experiencia interpersonal, desde una perspectiva neoplatónica se debe buscar ante todo el origen de lo «sano» en sí y ver cómo ambas experiencias participan realmente de esa primera noción.[52] La analogía pasaba de explicar cómo hablamos del mundo a explicitar cómo es el mundo.

Hoy hablamos de dos modelos de analogía, dos formas de llevar a cabo una comparación. En primer lugar hablamos de analogía de atribución (neoplatónica) cuando en la relación dada entre dos términos comparados entre sí, una cosa con otra, la forma significada se encuentra plenamente en uno de los sujetos a los que se aplica el nombre —el primer analogado—, quedando los otros —analogados segundos— relacionados con ese primero según medida («más», «menos»).

---

52  J.-F. Courtine, *Inventio analogiae*, París, Vrin, 2005.

## II. *Pathos* de la vulnerabilidad

Si se establece que lo sano se dice propiamente del cuerpo, entonces el adjetivo sano aplicado a una relación será por derivación de ese primer sentido, que es el auténtico.

El otro modelo es de la analogía de proporcionalidad (aristotélica), que se define como una proporción de proporciones (1/2, 2/4, 4/8, 16/32). Aquí no hay una referencia a ningún primer analogado, sino que se establecen paralelismos entre relaciones independientes. Por ejemplo: la relación que existe entre la visión que se da entre el sentido de la vista y el objeto a observar (el ojo y lo que ve), y la relación que hay entre el entendimiento y algún objeto para referirse a la realidad (el ojo del entendimiento y una idea). Aquí no hay una única manera de expresar la razón o nombre analogado, sino que lo que se establece es una relación de relaciones.

*Grosso modo* podemos decir que en la analogía de atribución, vertical, se incide más en el aspecto de semejanza entre los analogados (históricamente los seguidores de Francisco Suárez se han decantado por este modelo apoyándose en algunos aspectos de la concepción de Tomás de Aquino), mientras que la de proporcionalidad, horizontal, da más relevancia a la semejanza proporcional que existe entre las proporciones particulares y por lo tanto menos semejantes (esta fue la analogía defendida por Tomás de Vio, el Cardenal Cayetano, destacando para el caso otros aspectos de la obra de Tomás de Aquino).

La analogía no es una cuestión fácil de la filosofía, y además, suena a algo de antaño y muy técnico. Pero hay que insistir en que no es así: la analogía tiene que ver con la forma en que comprendemos la realidad de las cosas y por lo tanto en cómo las experimentamos.

Estamos ante un recurso que usamos con mucha más frecuencia de lo que sospechamos en nuestra vida cotidiana porque nuestro día a día no es más que un ejercicio de

## Vulnerabilidad

comparación entre lo que fue y lo que no sabemos que será. Una comparación que, en este caso, lleva a tomar decisiones inmediatas y que se plasma en consecuencias.[53] Cada día es único, pero en cierta medida también todos se parecen. En qué medida lleguen a serlo, parecidos o diferentes, nadie lo puede asegurar porque las previsiones no son determinantes. Hay un principio de incertidumbre insuperable que puede hacer que lo que nos pase no sea lo que pensábamos que nos pasaría. Y eso modifica completamente lo que a partir de entonces uno esperará de los días que seguirán.

La distinción entre analogía de atribución y analogía de proporcionalidad refleja la idea de razón con la que tratamos de manejar la incertidumbre y con la que configuramos nuestra vida. A una razón que se cree con la capacidad de descubrir la realidad tal y como es, le conviene una analogía de atribución o reducción unitaria de lo múltiple a lo uno. Es un modelo vertical, que escala de la pluralidad a la unidad, donde la definición del concepto en uso es solamente uno. Es lo que Descartes ejemplifica en su intención de descubrir el lenguaje que está detrás del mundo, que no puede ser más que de un modo: el lenguaje único y universal de las matemáticas.

Sin embargo, con el despliegue de la duda metódica y el descubrimiento de la circularidad, ¿cómo saber que el lenguaje con el que se pueden expresar las verdades de las cosas es uno y universal? ¿No será múltiple y multifocal? ¿Pueden las matemáticas dar como resultado otras precisiones, si Dios

---

53 Al celebrado y discutido estudio de George Lakoff y Mark Johnson *Metáforas de la vida cotidiana* (Madrid, Cátedra, 2017), hay que añadirle la obra, también a dos manos, de Douglas R. Hofstadter y Emmanuel Sander: *Analogía. El motor del pensamiento* (Barcelona, Tusquets, 2018). Ambas inciden en esta línea: la analogía es la experiencia de la vida de la razón y, en consecuencia, los límites a sus pretensiones.

## II. Pathos de la vulnerabilidad

así lo quisiera? Las famosas cartas de Descartes a Mersenne de 1630 así lo asumen. La matemática es exacta porque Dios quiere que sea exacta. Y es exacta con estos números porque Dios quiere que sean estos los números. Si lo deseara, Dios podría hacer que los radios de una circunferencia no fuesen equidistantes. El mundo, de repente, se abre de par en par. En una de esas cartas a Mersenne de 1630 le escribe que Dios es una causa cuyo poder supera los límites de la comprensión humana.[54] De la analogía infalible que escruta la causa y el lenguaje del ser pasamos a la renuncia de esa pretensión y a constatar que lo que garantiza que ese principio es veraz es la confianza, la *fides*, de que, gracias a Dios, la razón acierta. *Credo, ergo cogito*.

Es como si la razón cartesiana tomase conciencia de lo que es, en definitiva, «la» razón: un potente productor de verdades que no puede asegurar que esas respuestas sean algo más que conjeturas. Que por mucho que se levanten los ojos a los cielos, los cielos continúan estando igual de lejos para unos pies que permanecen en el suelo y que el error siempre es una posibilidad.

Descartes abandona la regia analogía de atribución, basada en su caso en la independencia de la objetividad del lenguaje matemático, y por lo tanto en la correlación entre lo que se piensa y lo que es, para abrirse paso entre la ambivalencia de un principio de incertidumbre que afecta también a la objetividad de ese lenguaje matemático. Si las cosas siempre pueden

---

54 La sentencia que en particular queremos destacar es: «*Dieu est une cause dont la puissance surpasse les bornes de l'entendement humain, et que la nécessité de ces veritez n'excede point nostre connoissance, qu'elles sont quelque chose de moindre, et de sujet à cette puissance incomprehensible*» (Carta de Descartes a Mersenne del 6 de mayo de 1630, citada según la versión de R. Descartes, *Oeuvres de Descartes. Vol. I, op. cit.*, p. 150).

Vulnerabilidad

ser de otra manera, entonces es que la razón no puede precisar los designios del ser. Puede acabar quedándose en blanco,[55] por decirlo coloquialmente, y con ella también nosotros.

## La razón encarnada

Lo primero que a uno le viene a la mente cuando escucha la palabra «vulnerabilidad» es un cuerpo y, posiblemente, un cuerpo doliente. Sin embargo, las dimensiones de la corporalidad, como las de la vulnerabilidad, no se reducen a la imagen del grito y el llanto aquejado. Si la corporalidad forma parte de la experiencia filosófica es por el simple motivo de que sin cuerpo nada es posible, comenzando por la misma posibilidad de pensarlo.

Se le atribuye a Aristóteles la siguiente frase: «careciendo de sensación, no sería posible ni aprender ni comprender».[56] Con la sensación el sujeto sufre «un cierto tipo de alteración»,[57] siendo esa afección la que pone en marcha la reconstrucción, o conocimiento, de ese algo que lo altera. Una alteración que presupone la alteridad estructural a la que hemos hecho

[55] J.-L. Marion estudia la cuestión en su magnífico *Sur la théologie blanche de Descartes* (París, PUF, 1991) donde bautiza la teología cartesiana de «blanca» por ser anónima e indeterminada, sin calificar ni especificar su empresa, como si de un cheque en blanco se tratara (p. 450). Es una teología que elimina en todo caso cualquier posible univocidad y correspondencia entre el pensar y el ser. Las implicaciones de esta cuestión para la comprensión de la filosofía moderna son capitales, pues se pone en la estela claramente de la lenta gestación de la *analogia fidei*, de raigambre protestante, que eclosionará con la imponente obra de Karl Barth. No en vano en Lutero se reconoce la impronta de Guillermo de Ockham, para quien lo divino se entendía principalmente desde la idea de voluntad infinita. No queda lejos, en efecto, el Dios incomprensible de Descartes.
[56] Aristóteles, *Acerca del alma*, Libro III, capítulo 8, 432a.
[57] *Id.*, *Acerca del alma*, Libro II, capítulo 5, 417a.

## II. Pathos de la vulnerabilidad

referencia y que da pie al circuito analógico de identidad y diferencia que venimos explorando.

Aristóteles lo formuló en *Acerca del alma*, un texto complicado y controvertido en cuanto a su autenticidad, que acoge una de esas frases lapidarias de la historia de las ideas que siempre dejan bien a quien la pronuncia: «el alma es en cierto modo todos los entes».[58] Como si de un magma capaz de asumir todas las posibilidades se tratara, pero solo en cierto modo, el alma sería el lugar de encuentro impermeable de todo lo que se sucede. El escenario donde el mundo se recrea a partir de su vulnerabilidad.

Que comprender sea un acto de sensibilidad hace que vivir se convierta en una obra estética en el pleno sentido de la palabra (*aisthetikos*, ser capaz de percibir por los sentidos). Immanuel Kant encontró en la *Crítica del Juicio* (estético) el punto de encuentro entre la razón pura y la práctica. Fue en la tercera y última de sus tres críticas donde su intuición filosófica eclosionó esplendorosamente dejando para sus lectores pasajes de los que siempre se pueden extraer nuevas implicaciones existenciales. Antes había dejado ya algunas pistas en las dos anteriores. En la *Crítica de la razón pura*, por ejemplo, Kant otorga a la imaginación trascendental un primado especial en la consolidación que hacemos de la experiencia, en la síntesis de categorías y sensibilidad que componen el conocimiento. Estamos así en los terrenos de la corporalidad.

Al principio de nuestro libro hemos manifestado el convencimiento de que la obra de Descartes propicia la reflexión en torno a la vulnerabilidad. A nuestros ojos, sus posiciones llevan a considerar la vulnerabilidad como condición y clave metafísica de toda la experiencia humana. Lo hemos estado

---

58  Íd., *Acerca del alma*, Libro III, capítulo 8, 431b.

observando hasta ahora en lo que atañe a la pregunta por la verdad de nuestras consideraciones e incertidumbres del *ego cogito*. Pero la vulnerabilidad, como indica la palabra latina *vulnus*, implica asumir ante todo la propia carnalidad como realidad primordial y también en este punto, a pesar de las apariencias, la obra de Descartes nos lleva a plantearnos qué es esa carnalidad consciente que cada uno de nosotros es. La perspectiva mecanicista que caracteriza la filosofía de René Descartes sugeriría pensar lo contrario, ciertamente. Heredero de la concepción renacentista que consideraba el cuerpo como una máquina, que, al modo de un reloj, funcionaba puntual y regularmente, algunos pasajes cartesianos trasladan la sensación de que la realidad corporal no tiene que ver con la vida propiamente humana. El cuerpo remitía a sí mismo, iba solo, y por eso Descartes pudo perfectamente haber querido replicar a su difunta hija Francine por medio de un autómata. Un autómata no es más que un objeto bien combinado, lo mismo que el cuerpo, que por entonces ya había comenzado a devenir, en todos los sentidos, objeto de estudio. La anatomía se convirtió durante la Modernidad en el lenguaje privilegiado para explicar las funciones del cuerpo.[59]

La antropología cartesiana ha pasado a la historia de las ideas como ejemplo paradigmático de dualismo. La «cosa» pensante que es el *ego (res cogitans)* no es en modo alguno la «cosa» extensa que es el cuerpo *(res extensa)*. A partir de esta dualidad, enfrentada, el verdadero conocimiento no remitiría para Descartes a ningún sentido, situándose en las antípodas de consideraciones como las de Aristóteles o Kant. Al revés, si de algo habría que huir para Descartes es de las veleidades de los sentidos.

---

59 A. Le Breton, *Anthropologie du corps et modernité*, París, PUF, 2011, pp. 69 ss.

## II. *Pathos* de la vulnerabilidad

Ahora bien, el itinerario cartesiano da pie a pensar que su dualismo no fue tan severo, y que incluso lo único que plantea es, de nuevo, la posibilidad hiperbólica de pensar los asuntos humanos (la cosa pensante y la cosa extensa) de manera separada.[60] No solamente porque Descartes era conocedor de la medicina de su tiempo, también la de los Países Bajos[61] (no en vano la quinta parte del *Discurso del método* es una sucinta lección de anatomía), ni porque la glándula pineal (ahí donde las sustancias pensante y extensa coincidirían) aparece en sus reflexiones, sino porque en lo que atañe a las pasiones del alma (hoy diríamos emociones), para Descartes pensar también implica sentir.

Pero el destierro de la presunción dualista nos lo proporcionaría, curiosamente, la noción de evidencia. ¿De dónde procedería la evidencia, incluso en su sentido más metafórico y analógico, sino de la vista? Toda la conducta de nuestra vida depende de nuestros sentidos, entre los cuales el de la vista es el más universal y el más noble.[62] Lo sostiene Descartes con esta contundencia en la *Dióptrica*, el primero de los tratados que seguían al *Discurso del Método*, reforzando la sensación por él mismo sugerida de que el *Discurso* era solamente un modo desenfadado de pensar, una representación informal de algunas cuestiones. Como si ahora que él entra en materia, la duda no pudiera ser ni metódica ni hiperbólica.

60 U. Galimberti, *Il corpo*, Milán, Feltrinelli, 2002, p. 73. Cf. también M.T. Aguilar, «Descartes y el cuerpo máquina», en *Pensamiento* 249, 2010.
61 La amistad e intercambio mantenido con el eminente científico neerlandés Isaac Beeckman es una de las claves del itinerario de Descartes (cf. E. Garin, *Descartes...*, *op. cit.*, pp. 25-33).
62 «*Toute la conduite de nostre vie depend de nos sens, entre lesquels celuy de la veüe estant le plus universel et le plus noble, il n'y a point de doute que les inventions qui seruent a augmenter sa puissance, ne soyent des plus utiles qui puissent estre*» (R. Descartes, Dioptrique. Oeuvres de Descartes. Vol. VI, París, L. Cerf [ed. Adam-Tannery], 1902, p. 81).

## Vulnerabilidad

La vista es el principal activo sensible de la vida también para Descartes, y, al igual que sugería Aristóteles del alma, también en la mirada se hacen efectivas en cierto modo todas las cosas. En la percepción,[63] es decir, en el ejercicio concreto de observar algo, se efectúa una cierta identificación entre quien observa y aquello observado. Es solamente en un paso ulterior, cuando se piensa ese acto, que aparecen los elementos segregados: lo visto, que es la visión de algo, y un algo que de algún modo está ahí enfrente; el proceso reflexivo de pensar que se ve; y el proceso todavía más reflexivo de pensar que alguien ve.

En la visión, pues, se lleva a cabo el ensamblaje del mundo. Sucede también con el resto de los sentidos, como al tocar, al gustar o al escuchar. Pero se plasma especialmente en la visión, que es proveedora de analogías inigualables para la vida simbólica de nuestro día a día (ver una verdad; estar ciego ante un suceso; o no ver clara una situación). Son analogías en las que la circularidad es imposible de delimitar y de autocensurar: ¿qué veo ahí fuera o qué me represento aquí dentro? ¿Dónde acaba la imagen del «mundo» y empieza el «mundo»? ¿Veo realmente aquello que debería ver? Y no digamos si se suspendiera esta facultad sensitiva y entonces tuviera que confiar en lo que no viera. Entonces sería todavía más evidente que se vive explícitamente a expensas. La verdad es una, pero no invulnerable a los ojos que la miran.

Cuando el *cogito* se repliega en su supuesta transparencia, desde la que decide lo que es y lo que no, es cuando más vulnerable se manifiesta. Puede taparse los ojos o cubrirse la cabeza pero jamás puede hacer que su vulnerabilidad desapa-

---

63 M. Merleau-Ponty, *Fenomenología de la percepción*, Barcelona, Península, 2000, pp. 379 ss.

rezca. Y, menos aún, su temor a la vulnerabilidad, aquí en su sentido más literal, etimológico y carnal. La sombra de la duda que acompaña cada una de sus evidencias y hace contingente todos sus conocimientos siempre está al acecho, de ahí que el *cogito* se encuentre sujeto a esas cosas tristes que a «Dios» no lo caracterizan y que él desearía no tener que padecer.

El reputado neurólogo Antonio Damasio publicó en 1994 *El error de Descartes*, un estudio que parte del cliché de que Descartes era una dualista y expone, en oposición a ese supuesto dualismo, por qué la razón no puede ser comprendida sin las emociones. Si no hay cuerpo no hay vida anímica, viene a sintetizar Damasio. Y no la hay porque el cuerpo ni es pasivo ni es un simple mecanismo autómata, sino que soporta y contiene lo que llamamos «mente».[64] El error de Descartes, concreta, está en que «imaginó que el pensar es una actividad muy separada del cuerpo»,[65] el mismo error de imaginación que hoy podemos apreciar, por ejemplo, en la creencia en un sistema computacional capaz de reproducir la razón humana. La mente humana es encarnada, no un simple algoritmo de cálculo.

Para Damasio es «indiscutible»[66] que la mente procede del cerebro. Esta afirmación le da la vuelta al dualismo cartesiano al tiempo que, paradójicamente, vuelve a caer en la tentación cartesiana de una verdad indubitable y evidente. Si el propio Damasio asume que no existe una única respuesta a la ecuación cerebro-mente, sino muchas posibilidades (siempre enraizadas en el sistema nervioso),[67] ¿cómo asumir que eso es incuestionable? También Descartes creyó haber encontra-

---

64 A. Damasio, *El error de Descartes*, Barcelona, Destino, 2015, pp. 303 ss.
65 *Ibid.*, p. 333.
66 *Ibid.*, p. 336.
67 *Ibid.*, p. 347.

## Vulnerabilidad

do la solución al problema de mente-cerebro en la glándula pineal, el centro de unión y encuentro de las dos sustancias, a nuestros ojos un disparate extravagante.

Así que el error de Damasio, por hacer un fácil juego de palabras, no está en que es bastante discutible que Descartes fuese tan dualista en sus posturas y que se mantuviera a lo largo de toda su obra en esa misma posición. El punto crítico y de partida se encuentra en esa reducción unilateral explicativa asumida, la estructura de la tentación cartesiana de la verdad evidente, y que además blinda como indiscutible.

Merodeamos de nuevo el asunto central al que aquí le estamos dando vueltas. ¿Por qué tener que excluir otras posibles miradas sobre las cosas si nadie puede abrogarse representar ser el ojo de Dios? Es la vulnerabilidad de nuestros conocimientos y asunciones acerca de lo que es la realidad lo que aquí, en lo que concierne a la carne y el cuerpo, tiene que ver con la circularidad entre vida anímica y sensibilidad.

Si bien todo conocimiento comienza en la experiencia, no todo conocimiento proviene de la experiencia. Es la afirmación que inaugura la *Crítica de la razón pura* de Kant y que establece las bases de la interacción entre sensibilidad y entendimiento que para Kant es el conocimiento. Ni racionalismo ni empirismo, sino racionalidad y sensibilidad, sin «ismos». Si la visión proporciona buenas y sugerentes analogías de la vida anímica (ver una situación clara; ver la verdad de un contexto) es porque hay una construcción simbólica que va más allá del dato empírico. Es más, lo que propiamente vemos no son objetos, sino manchas de color que responden a unas formas, y gracias al reconocimiento de esas formas esas manchas de color se convierten en objetos. Es decir, que es tan importante la sensibilidad como su categorización para los procesos y circuitos de conocimiento.

II. *Pathos* de la vulnerabilidad

Damasio nos habla de cuerpo y organismo indistintamente, cuando en virtud de esta dinámica no estamos hablando propiamente de lo mismo. Son dos formas de expresar la carnalidad, dos lenguajes y dos constelaciones semánticas. Una se refiere a la vivencia del cuerpo, la idea del cuerpo, y otra a la objetividad de su funcionamiento, su organización. El cuerpo es la construcción simbólica del funcionamiento orgánico de las piezas que lo componen, de modo que si bien cuerpo y organismo se refieren a lo mismo, no expresan lo mismo. Cada día que pasa conocemos mejor el organismo al tiempo que se transforman las concepciones del cuerpo. Pero qué incide sobre qué y en qué orden e importancia no siempre está claro. Ni la anatomía antecede siempre la construcción simbólica del cuerpo, ni tampoco la propia anatomía se explica sin el contexto simbólico en el que se desarrolla. La analogía entre la noción de cuerpo y la idea de máquina, que Descartes usa y recrea en sus escritos, dejó paso a partir del siglo XIX a la concepción organicista de la naturaleza. Eso se tradujo en que el modelo cuerpo-máquina fue desechado en favor de la noción cuerpo-organismo. Es decir, que de una caracterización estable y previsible del comportamiento corporal pasamos a una concepción abierta del mismo, vivo, orgánico, cuya espontaneidad no es siempre previsible. Una apertura mucho más acorde con la imprevisibilidad de la medicina, en la que dos y dos también puede ser que no dé cuatro.

En los albores e inicios del siglo XX se desarrolló con mucho impulso la escuela fenomenológica, que tiene por método describir cómo aparecen los fenómenos. Entre sus prioritarios intereses se encontraba la vivencia de la carnalidad y la distinción entre organismo, o carne objetivada, y cuerpo, o carne vivida. A modo de ejemplo para esta distinción, podemos preguntarnos qué nos sucedería si nos cortaran un

Vulnerabilidad

brazo. ¿Qué sentiríamos? ¿Continuaríamos siendo la misma persona o si por el contrario seríamos «menos» de lo que éramos antes?

Lo primero que sucede cuando se pierde un brazo es que, si lo mutilan sin algún tipo de sedante, se siente dolor. Es algo que se impone, pasivamente, ante lo que se reacciona, normalmente, de forma airada. Si a mí me cortan el brazo grito desgarradoramente y me enfurezco. Pero sin embargo mi brazo no lo hace. No parece inmutarse, más allá de algún acto reflejo. Y eso que a quien maltratan, por expresarlo así, es a él. Siendo mi brazo el que seccionan, experimento esa situación como una afrenta propia y ajena al mismo tiempo. Porque yo continúo siendo yo, y aunque no tenga brazo y su pérdida me duela en más sentidos que el primariamente físico, existo igual que lo hacía antes. No soy menos en el plano existencial.

Para pensar la diferencia entre brazo, el objeto, y mi brazo, la vivencia, pensadores como Edmund Husserl, Max Scheler o Helmut Plessner trabajaron la distinción entre cuerpo vivido (*Leib*, en alemán), y cuerpo físico, en tanto que objeto físico (*Körper*).[68] Para la constitución de las cosas que consideramos reales, el cuerpo vivido es el que tiene una importancia más significativa. Pero sin brazo, no hay experiencia táctil, y ese brazo cortado, inerte, que observo delante de mí, lo observo porque lo veo. Lo uno no va sin lo otro, aunque no son experiencias conmutativas. Al sentir las cosas, uno se siente a sí mismo. No se es esas cosas, pero se las siente de forma tan íntima que, como sucede con la vista, casi se es uno con la cosa percibida. Pero ese casi no permite hablar de una circularidad cerrada que lleva a la identificación estable, como se pone de

68  B. Waldenfels, *Grenzen der Normalisierung*, Frankfurt, Suhrkamp, 1998, p. 181.

relieve cuando se tiene dolor o se tiene una enfermedad.[69] No se es ese dolor y no se es esa enfermedad.

La circularidad abierta de la que venimos hablando se materializa en la dinámica del cuerpo vivido *(Leib)* que no puede ser unificado como objeto *(Körper)* porque nunca puede observarse desde fuera. Del mismo modo que sucede con la autoconsciencia, al verse uno a sí mismo, se distancia de sí mismo, y no es el mismo quien observa que quien es observado. La identidad es siempre un hiato. ¿Soy mi cuerpo o tengo un cuerpo? Dónde comienza una perspectiva y acaba la otra es imposible de precisar. Cuando se duerme poco se atiende menos, o cuando se va ebrio se calibra mal y, por supuesto, cuando se enferma (cuando se tiene la sensación de que el cuerpo sigue su propio camino), la distancia entre el «yo» y su afección es más nítida y especialmente dialéctica.[70] Enferma el cuerpo, pero es el «yo» quien lo padece. La pregunta retórica «¿quién soy?» se despliega en la experiencia de la carnalidad como vulnerabilidad *incorporada*, que ya no se siente como un *ego cogito* fantasmagórico, sino como un cuerpo que es más que un organismo y se pregunta, aquí y ahora, por su significado y su imagen.

Para la construcción de esa imagen de la dualidad *Leib-Körper* hay que añadirle al menos otra circularidad: la que proporciona la dimensión socio-cultural. ¿Por qué nos vestimos? ¿Por qué de esta forma? ¿Por qué tomamos el sol? ¿Por qué ansiamos una determinada figura? Incorporando toda una serie de hábitos sociales, como enfatizaba el sociólogo Pierre Bordieu, determinamos nuestro estar en el mundo, y a través de ello, también nuestro ser. El cuerpo es el eco del

---

69  Ibid., p. 121.
70  Siri Hustvedt se expresa así en *La mujer temblorosa o la historia de mis nervios,* Barcelona, Anagrama, 2010, pp. 60 ss.

ser, y el ser se dice de muchas maneras, recordémoslo, lo que incluye también el ser social. Actuando de un determinado modo seguimos dando vida a los hábitos sociales que trazan nuestra fisionomía. La idea de su belleza, de su salubridad o de su gestualidad conforman estructuras de una potencia muy profunda y de las cuales no es tan fácil desapegarse. Por eso decimos que son hábitos, porque se erigen en las vigas de nuestros habitáculos relacionales. No somos solamente nuestros hábitos, sin duda, pero los encarnamos. Tan importante es ser consciente de su necesidad para los procesos de identificación como de su poder alienante para evitar acabar siendo rehenes de ellos. Sea por una explotación interesada o, peor aún, por autoexplotación.

Hablar del cuerpo es, en definitiva, preguntarse por un magma de circuitos en perpetuo cambio. La vivencia del cuerpo, la objetivación fisiológica de esa vivencia o la ponderación axiológica y comunitaria de esta experiencia, que entendemos muy íntima y a la vez común, son asuntos todos ellos implicados en la misma cuestión. El cuerpo es el asunto centrífugo de toda filosofía porque está ahí, porque, de hecho, es lo que indudablemente es. Y no porque solamente sea vulnerable para lo malo, sensible a los golpes o herible, sino porque en el jardín policromado de sus interioridades florecen todas las experiencias, también aquellas que nos hacen ir tras ellas.

Descartes nunca obvió que la salud fuese lo más importante, incluso para el buen ánimo.[71] Si la salud puede perderse es porque nuestra existencia precaria colinda con el éxodo, siempre con un pie fuera de las situaciones, a la expectativa de temores y esperanzas. Y en esas vivimos. No obstante, si

---

71 R. Descartes, *Discours de la méthode*, op. cit., p. 62.

## II. *Pathos* de la vulnerabilidad

la vulnerabilidad tiene que dejar de ser tabú para poder ser mirada de frente, tampoco con nombrarla todo debería quedar perdonado. Quien se ensaña y rentabiliza los temores ajenos para hacer el mal también es vulnerable.

Considerado el *pathos* de la vulnerabilidad como la estructura de la existencia, lo que queda por hacer es mucho. La vulnerabilidad puede propiciar todo lo imaginablemente bueno de la vida y también todo lo contrario. De ahí que sus heridas sean tan dolorosas. Dando recorrido a nuestra vulnerabilidad tenemos entre manos el material sensible con el que se hilvanan todas las historias, con el que se decide si la vida ha valido o no la pena vivir. Del *pathos* de la vulnerabilidad pasamos al *ethos*, a la fábula del mundo dentro del mundo.

## III. *Ethos* de la vulnerabilidad

Cuenta Descartes que en 1619 se encontraba en el sur de Alemania. Eran los inicios de la Guerra de los Treinta Años (1618-1648) y él un joven de veinte y pocos que asistía a una contienda que iba a comportar un cambio de era en Europa.[1] Quizás lo hiciera como una forma para ver mundo, pero lo cierto es que se inscribió en la academia militar del príncipe de Orange, Mauricio de Nassau, y se alistó en el ejército católico de Maximiliano de Baviera. Los cuarteles de invierno de esos ejércitos estaban situados en un infrecuentado y frío lugar a orillas del Danubio, cerca de Neuburg, y Descartes prefería pasar las jornadas solo y recluido al abrigo de una estufa. En ese relativo confort relata que pudo encontrar el momento para dedicarse a la meditación de los asuntos que luego conformarían el *Discurso del Método*.

Pensar exige, efectivamente, no estar enfrascado en ninguna lucha agónica. Cuando se está en duelo, por ejemplo, no hay tiempo material para pensar otra cosa que salir indemne de la dolorosa situación. Pero cuando uno se complace ex-

---

[1] G. Rodis-Lewis, *Descartes...*, *op. cit.*, pp. 41 ss.; P.L. Font, «Cronologia», en R. Descartes, *Discurs del mètode*, Barcelona, Edicions 62, 2006, pp. 48-50; L. Arenas, «Cronología», en R. Descartes, *Discurso del método*, Madrid, Biblioteca Nueva, 1999, pp. 44-45.

Vulnerabilidad

cesivamente y se goza del trance del placer o de la alegría tampoco hay espacio para la reflexión. De hecho, en un mundo enteramente feliz quizás no haría falta pensar, pues la reflexión nace de la nostalgia de algo que no es o de algo que no llegará a ser. Pensar la vulnerabilidad es solamente posible si no se está en ninguno de esos extremos de la experiencia. Ni en la lucha agónica ni en la beata dicha. Descartes se encontraba en el punto justo y al abrigo de una estufa que brindaba la temperatura necesaria a su organismo para que se relajara y permitiera que su mente divagara. En el caso de Descartes, además, hay otro dato que enmarca el origen de sus pensamientos. Según relató su biógrafo Adrien Baillet, la noche del 10 al 11 de noviembre de 1619 Descartes recibió una señal decisiva para el destino de su vida.[2] Dice que esa noche tuvo tres sueños premonitorios acerca de su misión existencial. Esos tres sueños, que desglosaban una unidad, apuntaban a una misma providencia: él era quien iba a descubrir los secretos de una ciencia maravillosa que explicaría el mundo. En el tercero de esos sueños recuerda ver un poemario encima de la mesita en el cual lee, al azar, un verso que se pregunta retóricamente: ¿qué camino debe uno seguir en la vida?

Resulta curioso que para Descartes sea una estricta correspondencia entre el mundo onírico y la vigilia el punto germinal de una filosofía que se pregunta por la entidad del mundo y, precisamente, de si se trata de un mero sueño. Entrañable, por no decir sintomático, que sea un sueño el que dé pie al ejercicio de racionalismo más paradigmático de

2  A. Baillet, *La vie de monsieur Descartes* (1691), Libro II, Capítulo I; E. Garin, *Descartes, op. cit.*, pp. 44 ss.

III. *Ethos* de la vulnerabilidad

la historia de las ideas. Al misticismo cartesiano de las ideas innatas[3] hay que sumarle con este suceso no pocas dosis de esoterismo. El apelativo «esotérico», sin embargo, no tiene por qué comportar algo peyorativo. Indica, anímicamente, que algo procede de «dentro», así que etimológicamente no tendría por qué connotar nada oculto o escondido, y menos aún extraño o nocivo. Es verdad que lo íntimo no es lo público y por eso se lo llama espacio privado, vetado, pero no es lo oculto, que sería más bien lo místico, lo misterioso, que connota, aquí sí, estar iniciado en el conocimiento de un secreto inefable.

A Descartes esa supuesta revelación le viene de dentro (eso es lo que significa esotérico). Y que los sueños, sueños son, uno lo sabe cuando está despierto, con alivio cuando son pesadillas y con melancolía cuando son idílicos. ¿Pero cómo saber que una ensoñación no revela una verdad de la vigilia? Descartes se agarrará a esa duda para validar su deseo. Sin embargo, si algo traslucen los sueños cartesianos, sin mediar duda alguna, son sus anhelos. La voz de la verdad se le presenta cuando se apaga la *ratio* vigilante, cuando apaga la luz. Y sueña con una vigilia diferente, pero ni sabe por qué le arrastra esta pasión, ni por qué la desea, ni por qué esta en concreto. Freud, que naturalmente no podía pasar por alto estos sueños, escribió una carta[4] en la que sugería algunas interpretaciones al respecto. Aunque la pregunta definitiva no haría más que reenviarse, como sucede también con nosotros mismos, pues nunca sabremos si Descartes lo soñó porque previamente lo asumió, o lo asumió porque primero lo soñó.

3 E. Cassirer, *El problema del conocimiento. Vol. 1, op. cit.*, p. 508.
4 «Carta a Maxim Leroy sobre un sueño de Descartes» (1929), en S. Freud, *Obras Completas,* vol. 3, Madrid, Biblioteca Nueva, 1973, pp. 3094-3095.

Vulnerabilidad

En todo caso, Descartes, al igual que tantos otros políticos, investigadores, exploradores o creadores, ha creído encontrar la certeza de la vigilia en el universo de los sueños.[5] También él necesitó saber que lo que hacía tenía sentido, y esto lo encontró cuando cerró los ojos. Como para cualquier ser humano, la voluntad de verdad no es un capricho. Sin pretensión de verdad no es posible dar sentido a las decisiones por las que se opta, para que vuelen altas y ligeras. La mentira es pesada y lastrante, y en última instancia la hipoteca destructora de cualquier proyecto que se emprenda. Aunque ya se sabe, y en este delicado asunto más si cabe, a veces *los sueños de la razón producen monstruos*.

*El laberinto cotidiano*

Por principio queremos ser dueños de nuestro querer, ¿quién si no debería decirnos qué tenemos que desear? Y, sin embargo, no saber lo que uno quiere es una de las experiencias más universales y democráticas que se reiteran cotidianamente, incluso en aquella aspiración que reclama disponer de la máxima libertad posible. ¿Qué hacer? En medio de esta tesitura de sentida desubicación práctica, hay quien sostiene que nuestra labor principal debe ser ir en busca de ella y atraparla. Como si esa libertad estuviese ahí, enfrente, y ofreciese de por sí algún tipo de salvoconducto para la felicidad, sin tener que decidir luego qué hacer con ella. Como si el sentido de la libertad no fuese intencional y su idiosincrasia no implicase entregarla a algún propósito, aunque sea a la lucha por «la» libertad.

5 J. Siruela, *El mundo bajo los párpados*, Girona, Atalanta, 2010, pp. 44 ss.

III. *Ethos* de la vulnerabilidad

Jean-Paul Sartre, defensor de una idea de libertad existencial creadora y desatada de cualquier predeterminación de su esencia, ve en Descartes un referente de esa lucha por la conquista de la libertad humana.[6] Conviene resaltar aquí lo de humana, porque de algún modo considera que Descartes está en la senda de recuperarla para el *cogito* en detrimento de Dios. La ruptura con una determinada visión del mundo lo despertó a una autoconsciencia que, paradójicamente, lo liberó del poder de las mentiras de cualquier genio maligno. Fue un primer paso. El hombre, en su finitud, podía darse cuenta no solo de su finitud, sino también del alcance de la mentira del poderoso. Harán falta unos cuantos siglos más, concluye Sartre, para que el ser humano se dé cuenta de que esa libertad sí es creadora de sí misma, cambiando definitivamente las tornas. Dios, como dirá Ludwig Feuerbach en el siglo XIX, pasará a ser una creativa proyección de la voluntad humana.

Que la libertad forma parte del núcleo de la filosofía cartesiana ya se intuye en su afirmación de un Dios-Voluntad. Incluso las verdades necesarias son fruto de la voluntad, de una Libertad mayúscula que así lo ha decidido, sin más necesidad que su querer. Lo verdaderamente sustantivo de la realidad es la voluntad.[7] Sin embargo, trasponer esa libertad divinizada a la esfera humana no puede hacerse sin convenir serias contraindicaciones. La libertad fantaseada nada tiene que ver con la posible y factible, muy poco absoluta y más

---

6   J.-P. Sartre, *Descartes*, París-Ginebra, Trois Collines, 1946. Una gran conocedora de la moral cartesiana como G. Rodis-Lewis también lo apunta en su estudio *La morale de Descartes* (París, PUF, 1957, p. 80).
7   Incluso F. Alquié focaliza la atención en la disyuntiva entre las dos libertades: la humana, que se pregunta por lo que tiene que hacer (es decir, se descubre perdida), y la divina, que puede hacer todo (cf. *La découverte métaphysique...*, *op. cit.*, p. 281, pp. 319-322).

Vulnerabilidad

modesta en sus logros, en la que no siempre querer es poder ni siempre el poder es lo que se debe querer.

En general, parece que la palabra libertad hace referencia a algo que se desliga, que se deja ir. A diferencia de la autodeterminación, que implica determinarse por uno mismo, la libertad evoca más bien una fuerza expansiva y que rehúye ataduras. Pero resulta inviable, y hasta contraproducente, pensar en una libertad intersubjetiva de este calibre pues donde más se aprecia la precariedad es justamente en la libertad humana. La irrestricta voluntad de vuelo que se deriva de una concepción de la libertad que la proyecta como absoluta disponibilidad no se corresponde con las posibilidades finitas y condicionadas de nuestra realidad vulnerable.

Podemos pensar en Descartes como uno de los adalides de la libertad humana, aunque en realidad se encuentra lejos del triunfalismo de la humanidad que se siente acreedora de su destino. Descartes duda, y eso lo entristece, lo zarandea y lo deja en una posición incómoda. Él querría ser como Dios y no un ser vulnerable. Dar luz a un mundo nuevo y de manera inmediata, espontánea y desatadamente, saber todos sus recovecos. Poseerlo, en definitiva. Y, sin embargo, siendo la libertad su anhelo, lo que viene a certificar es que una libertad humana es una libertad errática, afectada y afectable.[8]

Por no hablar de la lucha interna que anima su cotidianidad, en la que la libertad se las tiene con sus pasiones. En *Las pasiones del alma* (1649) Descartes sintetiza así el conflicto: a pesar de que las pasiones busquen incitar y poner a disposición

---

[8] É. Gilson estudia la correlación entre error y mal en Descartes, una dupla de reminiscencia platónica y, por derivación, agustiniana. Esta unión permite la pregunta metafísica acerca de por qué existe el mal, es decir, por qué siendo Dios cierto y verdadero, permite semejante escándalo (*La liberté chez Descartes et la théologie*, París, Vrin, 1987, pp. 211-235).

del alma las apetencias corporales que estas desvelan (Art. 40), la voluntad es tan libre que nada puede en última instancia constreñirla a hacerlo (Art. 41). Somos imprevisibles para nosotros mismos. Pasiones que significan para Descartes, y esto es muy importante para evitar equívocos, cualquier tipo de percepción o conocimiento consejero del ánimo (Art. 17 y Art. 74). Es decir, una ayuda en la previsión de lo que conviene escoger. Pero esta es la premisa: aunque no cualquier cosa convenga ni cualquier cosa ayude, nunca está prefigurado el sentido de una elección. Hay libertad y la hay porque hay conflicto.

En la edición francesa de los *Principios de filosofía* (de 1647; la edición latina es anterior, de 1644) se incluye una carta-prefacio donde encontramos una de las más preciosas metáforas sobre la filosofía. Escribe Descartes que toda la filosofía es como un árbol, cuyas raíces son la metafísica, el tronco la física y las ramas que salen de este tronco el resto de las ciencias, que se reducen a tres principales: la medicina, la mecánica y la moral. La moral, añade, es la más alta y perfecta, ya que al presuponer un conocimiento completo de otras ciencias es el último grado de Sabiduría.[9]

A la medicina y a la mecánica Descartes les dedicó bastantes horas y energías. Y con resultados de impacto, como diríamos hoy. Sin embargo, no hay una moral sistemática cartesiana,[10]

9 «*Ainsi toute la Philosophie est comme un arbre, dont les racines sont la Metaphysique, le tronc est la Physique, et les branches qui sortent de ce tronc sont toutes les autres sciences, qui se reduisent à trois principales, à sçavoir la Medecine, la Mechanique et la Morale, j'entens la plus haute et la plus parfaite Morale, qui, presupposant une entiere connoissance des autres sciences, est le dernier degré de la Sagesse*» (R. Descartes, *Les principes de la Philosophie. Oeuvres de Descartes. Vol. IX*, París, L. Cerf [ed. Adam-Tannery], 1904, p. 14).

10 Algo que no impide, sin embargo, trazar una continuidad real en relación a la tesis moral mantenida en sus obras y cartas (a la princesa Isabel de Bohemia, la reina Cristina de Suecia y el embajador Chanut). Véase: P.L. Font, «Introducció»,

## Vulnerabilidad

o nada que se asemeje a un tratado sobre el comportamiento virtuoso. Al revés, en la tercera parte del *Discurso del Método* arenga a adoptar lo que llama una moral provisional, el salvoconducto para poder vivir y convivir en el contexto dado. Puesto que no se puede estar sin hacer nada, porque no-hacer es ya un modo de estar en el mundo, esta moral provisional consiste primariamente para Descartes en: primero, adoptar las costumbres del país en el que se está; segundo, seguir la religión recibida de la infancia; y tercero, seguir para el resto de las cosas las opiniones más moderadas y ajustadas de las personas con mejor reputación.

En definitiva, el prejuicio elevado a juicio, provisional pero práctico, y la falacia *ad verencundiam* (o argumento de autoridad) como aval de conciencia. Parece que lo que importa, en ausencia de la verdad, es la utilidad, el no estar haciendo del todo mal las cosas. Y puesto que hay que convivir, más vale acomodarse a lo menos lesivo, parece sugerir Descartes. La beligerancia dialéctica de la duda metódica se amansa hasta su mínima expresión. Se sabe que esta moral es provisional, que no es la definitiva, pero no hay una urgencia por salir de ella porque a fin de cuentas ya sirve para lo que se la propone: ofrecer un salvoconducto. Saber vivir es saber conducir la propia razón para seguir manteniéndose a salvo.

No es la verdad lo que le importa principalmente a la razón práctica cartesiana. Durante los complicados siglos XVI y XVII en Europa se vivió una eclosión del estoicismo que dio pie a síntesis sincréticas neoestoicas, en las cuales se combinaban los postulados clásicos del estoicismo con algunos dogmas cristianos. El estoicismo de la época, del que Mon-

---

en R. Descartes, *Tractat de les passions. Cartes sobre la moral*, Barcelona, Edicions 62, 1998, pp. 26 ss.

taigne era un fabuloso representante, fue esa moral provisional que Descartes acogió. Incluso se pueden reconocer trazos de la filosofía práctica de Montaigne en la cartesiana, si bien es verdad que el estoicismo de Montaigne se matizó con una creciente presencia de posiciones escépticas que lo abrieron consciente y progresivamente a la opinión de los otros, a la alteridad.[11] A diferencia de Descartes, Montaigne no siguió la vía del solipsismo.

Las escuelas estoicas habían florecido durante el helenismo, un periodo crítico que arranca con la muerte de Alejandro Magno, en el 323 a.C. y declinan hacia el siglo II d.C. La expansión imperial de Alejandro había popularizado la idea de que el mundo era una gran ciudad, una *cosmópolis*, dejando atrás el localismo de la *polis*, la clásica ciudad-estado griega. De esta forma se difuminaban las diferencias entre ciudadanos y extranjeros, entre griegos y bárbaros, y era el individuo y el modo en que este se relacionaba con su entorno lo que pasaba a estar en el centro de atención. También para los estoicos la principal preocupación fue saber cómo vivir para alcanzar el bienestar. Necesidad que se acrecentó con la muerte de Alejandro y la consiguiente crisis que comportó la división del imperio en cuatro grandes reinos. Lo que tenía que ser la ciudad del mundo acabó siendo un nuevo episodio de luchas intempestivas entre conciudadanos.

La principal inquietud de los estoicos era alcanzar la felicidad, que era concebida como algo muy poco lúdico. De manera genérica se estipula que para el estoicismo la estructura del mundo se basa en dos principios: uno pasivo, que es la substancia material, y otro activo, que es la razón (divinidad

---

11   J. Navarro, *Pensar sin certezas. Montaigne y el arte de conversar*, Madrid, FCE, 2007.

## Vulnerabilidad

o «logos») en la materia. La realidad es la combinación de esos dos principios, materia ordenada, un gran universo orgánico donde lo particular está relacionado con lo universal. La tarea del sabio consiste en conjugar sus propios deseos con los del «destino», con el orden necesario del «todo». A veces el viento sopla a favor, pero en otras ocasiones no es así. Entonces es cuando hay que entender que el orden del cosmos siempre es necesario, que la secuencia de los acontecimientos es la mejor posible. Para los estoicos, vivir conforme a la naturaleza es vivir conforme al plan de los acontecimientos.

Cuidarse a sí mismo es la principal tarea en la vida del estoico, pero en un sentido poco exultante. Lo que conviene es adaptar los deseos al destino para no sufrir más de la cuenta. Por eso es también importante mantener a raya las pasiones que alteran innecesariamente el ánimo. El sabio es el que domina el arte de la *apatheia*, que es la eliminación y mitigación de todo exceso emocional, y el elemento indispensable para ser feliz, que consiste en poder mantenerse impasible frente al mundo.

Lo que el estoicismo propone es un solipsismo moral y de emergencia. Quizás por eso resurgió con tanta fuerza en los siglos XVI y XVII, cuando se percibía que el mundo era demasiado cambiante y desconcertante. Había que protegerse de sus inclemencias y quizás vieron en sus doctrinas una manera de lidiar con esa inestabilidad e incertidumbre.

Pero el estoicismo alberga también una clara pretensión de verdad. Además de ofrecer una actitud vital, quiere explicar cuál es la verdad sobre el mundo, lo que choca con la duda metódica y el recelo ante la materia. Por eso mismo también sorprende que el estoicismo siga siendo tan atractivo en la actualidad. Aunque pueda parecer paradójico, casi ninguna de las recuperaciones actuales que se hacen del estoicismo son propiamente estoicas porque nuestra concepción del mundo no es la misma que la de los estoicos originales. Y no solo porque cuando las cosas nos van a favor queramos mantenerlas y cuando no, transformarlas, dando a entender que el cosmos no funciona con un orden necesario, sino modificable. La principal diferencia es que para los estoicos vivir conforme a la naturaleza es vivir conforme al plan necesario de la divinidad, alineando la propia razón con la del mundo. En cambio para nosotros, que somos herederos de la filosofía de la sospecha, lo «natural» y lo «racional» son motivos de discusión y ese supuesto plan divino objeto de deconstrucción.

Por otro lado, a nivel práctico asumimos una y otra vez que encarnamos una noción acelerada del tiempo y una dinámica desbocadamente neoliberal de las relaciones laborales. Así que deberíamos preguntarnos hasta qué punto el lema de la *cura sui* (cuidado de sí mismo) en este entorno de tecnocracia efervescente y consumo incesante de experiencias puede parangonarse con la ataraxia que propugnaba el estoicismo antiguo.

En todo caso, y volviendo a la cuestión de la moral provisional de Descartes, si bien el repliegue en torno al *ego cogito* recuerda al solipsismo moral del estoicismo clásico, el itinerario filosófico de Descartes no lo evoca. Ni por la ausencia de la autocompasión ni por el desenfreno de su ambición intelectual y científica. El mundo para Descartes está ahí para ser explorado y puesto reiteradamente en duda, no para ser acatado. Además, lo que más sobresale de la moral provisional cartesiana es su fe católica.[12] Tal es el primer mandamiento de la moral provisional, hacer caso de la religión recibida en la infancia, y una de las idiosincrasias de la moral cristiana, si

12   G. Rodis-Lewis, *La morale de Descartes, op. cit.*, p. 15.

no la central, es la caridad, la circulación incesante de conocimiento y reconocimiento por y para el prójimo. Parece ser que Descartes fue un devoto convencido. Pocos años después de recibir la «revelación» onírica de la misión que debía llevar a cabo a través de los famosos sueños de la noche del 10 al 11 de noviembre de 1619, peregrinó a los pies de la Virgen de Loreto en agradecimiento por la dádiva. Pero la explícita aceptación de la moral provisional católica puede explicarse también por las circunstancias que le tocó vivir. Hacía poco del juicio condenatorio a Galileo y las posiciones de Descartes se asemejaban peligrosamente a las del astrónomo toscano, por lo que le convenía no hacer enfadar a las autoridades. Para Descartes, la moral provisional también debía funcionar como una herramienta pragmática al servicio de evitar males mayores en las relaciones personales.

Sorprende cuanto menos que el incesante buscador de la verdad que nos dijo ser Descartes no solamente se haya conformado con una moral interesada en minimizar los peligros del día a día, sino que además esta se afiance en un criterio de tan pobre bagaje ético como es la educación recibida. Y eso que consideraba la moral como la sabiduría más excelsa de todas. No es de extrañar, pues, que Karl Jaspers no le ahorrase a Descartes severas críticas al respecto.[13] Porque ni su razón es razón, ni su fe es fe, señala. Por muy provisional que se conciba su moral tiene, como cualquier otra moral, incidencia directa en su vida y en la de los otros. Y lo que entiende que descubre su moral provisional es una profunda inconsecuencia entre la labor teórica de Descartes y su praxis. La vocación de la libertad del primero no se corresponde con el temor a asumir el precio de la libertad del segundo.

13 K. Jaspers, *Descartes y la filosofía*, Buenos Aires, La Pléyade, 1973, pp. 103 ss.

III. *Ethos* de la vulnerabilidad

Descartes transitó por la vida con una libertad no realizada, concluye Jaspers. Al reconocer el poder de la autoridad de la época y someterse a él no propuso una alternativa a su verdad, sino que hizo suya la herencia recibida. Fuese por conveniencia o por utilidad, acabó por asumir su discurso como dogma, sin otra justificación, como si el verdadero motivo de esa decisión fuese que no pudo soportar la experiencia de la duda radical y el vértigo que esto conlleva.[14]

El tirón de orejas de Jaspers a Descartes tiene que ver con una de las tensiones que acompañan toda experiencia humana, sea o no filosófica. El hiato entre lo que se predica y lo que se practica es una de las disfunciones anímicas que más cuestan sobrellevar y que más problemas nos ocasionan y nos hacen ocasionar. Una agria realidad que se enquista y agrava cuando la convertirnos en pauta genérica y relativa, como si la mala praxis compartida fuese de efectos menos perjudiciales.

Esto no tiene nada que ver con la pertinencia y autenticidad de la pregunta o expresión religiosa, por supuesto. También la ciencia, la tecnocracia y hasta la política y sus respectivas idealizaciones de progreso e historicismo han llevado a flagrantes e indeseables inconsistencias prácticas. Así que, asumiéndolo con estoica resignación, parece que poco se le puede hacer. Ese es el irremediable precio de la precariedad humana. Y sí, en parte es así. Pero como el *procus*, la figura de la Antigüedad clásica que representa al pretendiente que solicita la atención de la amada y ruega por su apreciado favor, también nosotros vamos procurando respuestas, preguntando cómo ubicarnos. Sin perder de vista que lo que se consigue por la vía de la súplica *(prex)* es lo

---

14 *Ibid.*, p. 124.

95

## Vulnerabilidad

*precarius*, que etimológicamente también da «plegaria». Si la precariedad forma parte del *ethos* de la condición vulnerable es porque cuando preguntamos *inter-rogamos*, es decir, nos solicitamos unos a otros, y no solo como seres pensantes, sino primordialmente como seres vivientes. Seres que quieren, que buscan *(quarere)* que una respuesta se convierta también en un acto de responsabilidad. Seres que aceptan sus errores, pero jamás su desidia.

## *Procus*

La precariedad de la vida moral explica el caso de Descartes y prefigura el camino de la reflexión ética, aunque no forzosamente la predetermina al fatalismo o al elitismo.

La palabra *ethos* denota, de acuerdo con las posiciones de Aristóteles, «carácter». El *ethos,* que se contrapone al *pathos,* se refiere a algo activo, que se genera por hábito. A diferencia de las pasiones que a uno lo embargan, la acción moldea el modo de ser, el carácter, y dinamiza los hábitos que conforman la vida.[15] La palabra que Cicerón usó para el *ethos* griego fue *mos*, «moral». *Mores,* el plural de *mos,* significa «costumbres», y se refieren el conjunto de modelos y contextos de acción que cualquier comunidad asume. Siempre hay moral porque siempre hay que actuar, y se actúa de algún modo, lo que genera hábitos que se proyectan como costumbres. El circuito

---

15   El ser, dejó escrito Tomás de Aquino, también es acto. Pero no es lo mismo la fórmula *esse in actu* (ser en acto) que la de *esse ut actu* (ser como acto), en cuya dialéctica se trazan caminos radicalmente diferentes para el valor existencial de la cuestión metafísica. El tomista Cornelio Fabro confrontó esta intuición tomasiana con las posiciones de Heidegger y Hegel, sobre todo (cf. *Participación y causalidad según Tomás de Aquino*, Pamplona, EUNSA, 2009).

## III. *Ethos* de la vulnerabilidad

moral compuesto de costumbres, hábitos y convicciones es una consecuencia directa de esa sociabilidad humana a la que tan recurrentemente apelamos.

Hay quien habla de moral y de ética de manera casi sinónima, en base a la familiaridad etimológica griega. Pero para nosotros es importante mantener la distancia entre ambas. La moral debe entenderse como el conjunto de costumbres, los sistemas de comportamiento más o menos establecidos de una sociedad o grupo, que siempre lleva apellido: moral cristiana, moral hedonista, moral relativista. La ética, en cambio, remite al carácter propio de lo que se hace, que se pregunta por el sentido de su acción, incluso si con ello se pone en jaque la moral imperante del entorno. Si ética y moral fueran lo mismo, no podríamos lamentar, por ejemplo, la inconstancia o la laxitud de algunos de nuestros actos y el hiato respecto a lo que proclamamos. A fin de cuentas es una antigua costumbre humana no hacer todo lo que se dice que se hará, como también lo es no decir todo lo que de verdad, a veces erráticamente, se llega a hacer.

Ya lo señala el adagio clásico: *errare humanum est*. Cuando el error es menor, sin consecuencias trascendentales, hasta es fácil confesarlo con una sonrisa pícara. Pero cuando conlleva directamente o indirectamente a males mayores, se pasa a expresiones mucho más solemnes. Errar significa primariamente vagar sin rumbo, deambular, haber equivocado el sentido de la marcha. Lo que implica tener que darse cuenta de que no se está donde se quería estar, es decir, de estar desubicado. Y eso es lo que procura la experiencia filosófica: la pregunta por el rumbo, la posibilidad errática, o no, del paso dado.

Pregunta y costumbre no van de la mano. Cuando se pregunta se lleva a cabo un tipo de interpelación que de algún modo rompe el ciclo anterior. Por eso no puede generar una

## Vulnerabilidad

costumbre, o no debería hacerlo. La pregunta se hilvana y se deshila con el devenir y se reubica al ocuparse uno de ella. Ahora es esta, mañana quién sabe. La actitud del filósofo al preguntar no es, o no debería ser, ninguna costumbre. No es la repetición lo que la constituye, sino una petición, similar a la del *procus*.

La costumbre del filósofo por preguntar no va en la línea de establecer un automatismo. Hay que saber qué preguntar, cómo preguntar y cuándo hacerlo, y sobre todo aprender a escuchar. Y eso, como sucede con todas las decisiones que se toman en la vida, exige paciencia y cierta dosis de fortuna.

La posibilidad y la certeza de que se errará no es en ningún caso extrínseca a la experiencia filosófica porque no lo es tampoco a la vida en general. Al revés, es una de sus características más propias. Otra cosa es usar deliberadamente la propia libertad para causar daño, algo que poco tiene que ver con la dinámica del error. En el error existe el lamento por las consecuencias indeseadas y la voluntad de no haberlo cometido. En el crimen no siempre. Lo paradójico es que quien más se lamenta y culpabiliza es quien no quiere equivocarse, quien empatiza con el dolor causado porque no quiere ni herir ni afligir. El que busca ese daño y sabe que lo hace, solo se conmueve por él mismo.

Pero el problema no es el error, si no el narcisismo que no lo acepta. Hacerse adulto significa volver una y otra vez a interactuar con esa excesiva tendencia al reproche con la que vamos creciendo. Pues justamente la posibilidad de la superación de ambos, el error y el reproche, pasa por aceptar el error como condición de vida. Esa es la premisa de cualquier ética de la vulnerabilidad. Sin caer ni en la condescendencia ni en bucles de fustigación, por supuesto, puesto que ambos extremos constituyen, en su exceso, errores.

III. *Ethos* de la vulnerabilidad

Y a propósito de la moral provisional de Descartes, ¿dónde estaría lo errático? Probablemente lo más errático estaría en que parece aprovecharse la distancia entre la universalidad de la pregunta ética y la praxis contextual de la moral para dotar de legitimidad ética la propia conveniencia. Porque, efectivamente, toda moral es provisional a causa de esa distancia. Ningún sistema puede cerrarse del todo sobre sí mismo pretendiendo haber dado cuenta de lo que debe o puede afrontar. Ni en lo teórico ni mucho menos en lo práctico. Pero eso no hace que todas las moralidades equidisten del mismo modo de esa pregunta, pues las hay que son indudablemente mucho más destructivas y alienantes que otras.

Que la moral solo pueda ser provisional, contingente, no quita que sea imprescindible. Considerarlo de otro modo sería caer en un falso dilema. Es desde esa provisionalidad de la moral que tenemos que abastecernos de elementos y puntos de referencia, sabiendo de antemano que no todos esos elementos y puntos de referencia sirven para todas las contingencias y que, en cualquier caso, esas provisiones se acaban.

Provisionalidad tampoco es negatividad. Lo que agrava no es el error que inevitablemente sigue a la tensión entre ética y moral, sino utilizar esa distancia para hacer bueno el propio interés. La pregunta ética tiende, por propia dinámica, a su comunicación, a la trascendencia de su arbitrariedad. Cuando uno se interroga si está actuando bien es porque de algún modo sale de su propia esfera para ponerse en cuestión y exponerse al otro. Como el *procus*, que con su petición se expone a la recepción de una respuesta que también exigirá de él un acto de responsabilidad. Se puede optar por el egocentrismo axiológico como *a priori*, pero a costa de cortocircuitar la experiencia ética y, lo que es peor para ese *ego*, la riqueza de la vulnerabilidad compartida.

Vulnerabilidad

*La vía del no-criterio*

Lo que se pone de relieve en la tensión entre ética y moral es lo mismo que se desvela en la incesante búsqueda de la verdad. Si somos afectables, entonces nada permanece cerrado. De ahí lo ambivalente de la cuestión del criterio, lo que permite discernir si una acción es «más» o «menos» buena, justa o prudente. La vara que permite medir las acciones.

A la luz de lo que venimos manteniendo es improcedente hablar de «el» criterio. Tratar de vislumbrar «el» criterio es simplemente quimérico. Así que si pensar la ética en clave de vulnerabilidad implica reflexionar críticamente sobre sí misma y asumir la circularidad abierta de su posible fundamentación, el criterio para una ética de la vulnerabilidad no puede ser otro que su no-criterio fundamental. Es lo que se deriva de la imposibilidad de prescribir lo que hay que hacer y de la provisionalidad de cualquier respuesta moral, de cualquier «criteriología».

No hay que confundir la estrategia del no-criterio con la del relativismo. A diferencia del perspectivismo, que establece que no sabemos hasta qué punto nuestra mirada facilita, eclipsa o transforma la verdad y se pregunta incesante por estas interacciones, el relativismo sí afirma, por negación, una verdad fundamental e inconmovible. El perspectivismo no sabe si se puede afirmar o negar definitivamente algo porque nunca llega al pleno de la certeza, lo que no le impide seguir buscando formas de reducir al mínimo posible la sombra de esa duda que siempre acompaña. Por el contrario, dado que negar rotundamente es también afirmar rotundamente, la posición que asume el relativismo es también la de una verdad invulnerable e inconmovible, pero por la vía de la negación, cancelando la pregunta. El perspectivismo propone una

III. *Ethos* de la vulnerabilidad

verdad y una ética vulnerables, abierta a su reconsideración, mientras que el relativismo supone, paradójicamente, creer saber definitivamente que no hay verdad.

En consecuencia, dicho no-criterio no debe hacer imposible discriminar entre acciones más o menos buenas, justas o prudentes, ya que la estrategia del no-criterio ya es una manera de comprender las cosas y comporta, como cualquier otro punto de vista, sus consecuencias. La estrategia del no-criterio está orientada a minimizar la discriminación *a priori* de una tesis moral y a tener que pasar del prejuicio al juicio. Es la consecuencia que sigue de esa abertura existencial que comporta la vulnerabilidad y del hecho de estar expuestos a la ignorancia. Por eso es tan nuclear a su formulación la confianza, que solicita la voluntad del otro. La ética de la vulnerabilidad es también una ética de la performatividad porque es una ética de la palabra: en el mismo momento que afirmo estar dando la palabra a alguien, estoy, en efecto, exponiéndome a sus razones.

La asunción de este no-criterio radical es un acto performativo que asume su falibilidad, su precariedad y su afectabilidad como elementos propios. Proponer un no-criterio no es abogar por estar sin criterio. Es aceptar que lo razonable es acotar algunos criterios provisionales siempre sujetos a revisión. Se puede estar equivocado incluso en la tesis del no-criterio, por supuesto, pero con ello se viene a confirmar esta misma tesitura. Si se puede cambiar de opinión es porque hay recorrido para la pregunta. Así que el no-criterio de una ética de la vulnerabilidad tiene que ver también con la conciencia de poder estar equivocado y de convivir con el error, con la necesidad de aprender a perdonar y a pedir perdón.

Avanzar en las posibilidades que brinda una ética de la vulnerabilidad nos permitirá ir dotando este no-criterio de elementos que ya no son meramente restrictivos. Lo veremos en las sucesivas páginas. Son elementos que se derivan y se cimentan casi todos ellos en ese espejo que es para la ética la afirmación perfomativa, la que revela el valor y el sentido de las acciones concretas que realizamos u omitimos.

La performatividad es la autoconciencia de la razón práctica. Por medio de ella y sus procesos de previsión y revisión vamos reconstruyendo una composición de lugar de lo que hacemos. Es lo que ilumina lo que asumimos en los actos cotidianos que llevamos a cabo. Antes hablábamos de la imposibilidad de Descartes de llevar a cabo la duda radical que plantea. Decíamos que era más efectista que efectiva porque mientras la teoriza, su hacer dice otras cosas. Se carteaba con su amigo Mersenne, estaba atento a la opinión de otros pensadores o era precavido con las autoridades. Incluso mientras dudaba de su cuerpo, escribía que dudaba de su cuerpo, para lo cual obviamente necesitaba una mano.[16]

¿Por qué entonces Descartes escribe cartas si duda de la existencia de los otros? ¿Por qué comparte sus meditaciones si la única fuente de certeza es el propio *cogito*? La performatividad de los actos cotidianos de Descartes nos llevan a pensar que las inquietudes existenciales que primordialmente lo atenazaron fueron el desengaño y la soledad resultante de quien no tiene más remedio que recelar preventivamente del mundo. La duda metódica es la escenificación hiperbólica y posterior de una dolorosa experiencia original que proviene del mundo y que cuando se exacerba negativamente deja profundas heridas para la vida y la convivencia. La respuesta a la duda cartesiana está en su hacer y no en su decir, en las

16  J. Butler, *Los sentidos del sujeto*, Barcelona, Herder, 2016, pp. 35 ss.

## III. *Ethos* de la vulnerabilidad

cartas que escribe y que espera que sean leídas (y, por supuesto atendidas y respondidas), y en los halagos y afectos que anhela recibir.[17] En este mismo sentido da que pensar su interés por la medicina. De las tres ramas que dice Descartes que salen del tronco del árbol de la filosofía una es la medicina. La medicina explica el cuerpo y tiene que ver con la búsqueda de un mayor bienestar. Como sucedía con el estoicismo, en tiempos de Descartes también la medicina vivió una importante eclosión. Uno de los temas que más preocupaban al estoicismo era el cuidado de sí *(cura sui)*, entendido como una preocupación por el hombre como un «todo», como unidad de cuerpo y alma.[18] Si el repliegue estoico puede haber tenido influencia en el ejercicio teórico de Descartes en lo que concierne al *cogito*, entonces su interés por la medicina y por la salud, que recordemos sitúa al nivel de la moral, tendría que ver también con esa voluntad de cuidar de sí mismo, de hacer menos angustiosa la herida de la vulnerabilidad.

Nuestro organismo es una maravillosa ingeniería que sin embargo está impregnada de precariedad. Es *infirmus* en el sentido de que no se sostiene por sí solo, y eso no solamente se aprecia cuando no puede hacer frente a la presencia de un patógeno y entonces enferma. También cuando las cosas van bien no nos sostenemos completamente por nosotros mismos. Somos seres afectables y, de hecho, si enfermamos es porque siempre podemos enfermar, y porque tarde o temprano llegaremos a caer por completo y nuestro organismo se convertirá

---

17  B.-A. Scharfstein habla de estructuras defensivas «racionalizadoras» en la personalidad de Descartes (cf. *Los filósofos y sus vidas, op. cit.*, p. 149).
18  L. Duch y J.-C. Mèlich, *Escenaris de la corporeïtat*, Barcelona, Publicacions de l'Abadia de Montserrat, 2003, pp. 56 ss.

en un cadáver (del latín *cadere*, caer).[19] Es la vertiente dolorosa de la vulnerabilidad. De ahí que la *immunitas*, en el sentido propugnado por el bacteriólogo Louis Pasteur, se entienda como la lucha por mantenernos firmes, por estimular activamente las defensas del organismo. Una metáfora bélica con relación a la enfermedad, que remite a finales del siglo XIX[20] y sigue vigente hoy en día, que sobre todo nos indica cómo concebimos la enfermedad y, en consecuencia, cómo proyectamos la convivencia con la cara más oscura de nuestra vulnerabilidad.

## *Infirmus*

Descartes fue un gran viajero. A lo largo de su vida pisó muchas latitudes de una Europa enfrascada en recurrentes conflictos y desavenencias, residiendo sobre todo en los Países Bajos y conociendo países como Suiza, Dinamarca, Alemania, Italia o Suecia, donde terminó sus días. En los Países Bajos, el anhelo por conocer el funcionamiento del cuerpo humano era notable, como testimonia el lienzo de Rembrandt *La lección de anatomía del dr. Nicolaes Tulp* (1632) en el que se aprecia a unos cuantos cirujanos alrededor de un cuerpo siguiendo con atención las explicaciones del reputado médico y anatomista Nicolaes Tulp. Las academias y cofradías médicas estaban proliferando en aquella maltrecha Europa dando forma a una concepción de la medicina que, en parte, hoy aún pervive.

La preocupación por la salud es proporcional a la dignidad que se le otorga a la vida del aquí y ahora. El despliegue de la

---

19   Otra tradición relaciona «cadáver» con *caro data vermibus*, carne dada a los gusanos, aunque no hay evidencia de su relevancia.
20   S. Sontag, *La enfermedad y sus metáforas*, Barcelona, DeBolsillo, 2008, p.79.

III. *Ethos* de la vulnerabilidad

Modernidad cultural y el proceso de secularización que le va aparejado puso en el centro de atención la realidad concreta del tiempo. Progresivamente, el individuo pasaba a ser dueño de su destino y a tener que forjarse una identidad personal y colectiva. Asimismo, el conocimiento humano pasaba de estar preocupado por lo que sucedía en los cielos a plantearse cómo procurar más y mejor prosperidad terrenal. Y la salud del organismo era una de esas preocupaciones fundamentales que atender.

La salud ocupa en nuestra jerarquía de valores un lugar primordial, casi sagrado. Decimos que es, junto al dinero y al amor, nuestra terna de bienes fundamentales, y de esos tres sumos bienes es la salud la más importante. La salud es el fundamento de todos los otro bienes, sostuvo también Descartes.[21] Y parece evidente: si la salud falla, probablemente todo lo demás acaba cayendo. Pero lo curioso es que esa sacralidad, que parecería ser fruto del mayor aprecio terrenal de la vida humana y su irremplazable valor, no es reciente. El pasado latino de la palabra «salud» ya la sitúa en la esfera de lo sagrado.

La dupla salud-salvación continúa siendo fundamental en la cultura occidental. Tanto es así que el *mysterium salutis*, el misterio de la salvación, es uno de los temas teológicos cristianos por antonomasia. Esta noción de salud expresa un determinado orden, una armonía entre el estado en el mundo con el ser del mundo. Sintonizar los órdenes concretos de cada individuo con el cosmológico es la finalidad última de este *mysterium salutis*, y aunque parezca que la secularidad ha roto con esta lógica teológica, hay planteamientos médicos que siguen propugnando la patología como anomia

---

21 «*La santé, laquelle est sans doute le premier bien, et le fondement de tous les autres biens de cete vie*» (R. Descartes, *Discours de la méthode, op. cit.*, p. 62).

Vulnerabilidad

(o de enfermedad como mancha pecaminosa) y la sanación como un retorno al equilibrio metafísico que trasciende al organismo.[22] Que algunos centros médicos tengan nombres de santos y santas también podría interpretarse como la expresión de este amparo cosmológico, aunque es verdad que nuestros conceptos de salud y enfermedad tienen que ver mayoritariamente con una medicina cartesiana, también vertical, mecánica y cuantitativa, que más bien parece olvidar que salud y enfermedad tienen una parte de constructo simbólico.[23] El utilitarismo y el positivismo han consolidado una concepción de la medicina fundamentalmente organicista donde lo saludable se reduce a determinados parámetros objetivos. Lo paradójico es que, a pesar del materialismo reinante, al profesional de la medicina a veces se le piden imposibles, como si fuera agraciado con poderes chamánicos o sacerdotales. La continuidad histórica y simbólica de lo sacro y lo profano en nuestra noción de salud continúa siendo estrecha en algunos puntos, como si la medicina constituyese también el rito iniciático para la resolución de los misterios de la vida.

La práctica de la medicina es especialmente explícita respecto a su vulnerabilidad. Vive en el alambre, con el límite y la excepción como consejeras, y en esto no se diferencia mucho de la filosofía. Es también pregunta, ejercicio de analogía e interactuación con lo que la interpela, que es todo.

Galeno, el médico y cirujano de la Antigüedad romana que dio nombre a la profesión médica (los «galenos») y cuya obra *De methodo medendi* —sobre el camino, o arte, de la curación— ejerció una enorme influencia durante muchos

---

22 L. Duch, *Simbolisme i salut*, Barcelona, Publicacions de l'Abadia de Montserrat, 1999, pp. 331.
23 *Ibid.*, p. 334.

III. *Ethos* de la vulnerabilidad

siglos, escribió un opúsculo titulado *Que el mejor médico es también filósofo*. Galeno conocía las corrientes filosóficas de su tiempo y sostuvo que tan importante era dominar el razonamiento lógico y saber discernir la naturaleza y la física de los cuerpos, como cultivar, a partir de ahí, la pericia ética para saber elegir lo que convenía. Lo que proponía Galeno no era tan inaudito, pues ya antes entre los griegos había proliferado la idea del filósofo-médico y la íntima relación entre una y otra disciplina.[24] Hoy el paradigma es completamente otro, como diría Thomas Kuhn.

Galeno invita a pensar que meditar y medicar son acciones que no distan tanto entre sí. Y etimológicamente esa relación se corrobora. Meditar, como decíamos al principio del libro, es el ejercicio de tomar medidas, de ponerse manos a la obra y tener un trato directo con un determinado tema. Se escriben tratados cuando uno quiere diseccionar cuidadosamente un asunto a fondo, por ejemplo. La misma raíz, *med-*, también se encuentra en la palabra medicina, y se orienta al acto de cuidar y tratar en el ámbito de la salud. Un médico que propone un tratamiento para una determinada afección está buscando una cura y ejerciendo un cuidado.

Lo sorprendente, sin embargo, es que cuando uno dice tener problemas de salud, esta duplicidad y riqueza semántica tiende a desaparecer y se da a entender otra cosa: hay algo en el cuerpo, entendido como organismo, como engranaje biológico-fisiológico, que parece no funcionar. Algo que no responde a la función que se le presupone y que no se ajusta

---

24 Se discute, en todo caso, el alcance de esta simbiosis, en el sentido de que puede que Galeno quisiera incorporar la medicina al proyecto filosófico, y no tanto al revés, como podría dar a entender el título del opúsculo (cf. R. M. Moreno Rodríguez, «Ética y medicina en la obra de Galeno», *Dynamis* 33/2, 2013).

a la norma. Es lo que se impone con la perspectiva fisiológica naturalista, claramente funcionalista, donde lo que le sucede a la mayoría determina lo que es sano y lo que no.[25] A la salud y a la enfermedad se las proyecta a partir de parámetros fundamentalmente fisiológicos, lo que, si bien es parte de la realidad, no siempre es la más sustancial. Hay afecciones que pasan inadvertidas y aun así están ahí; son asintomáticas y no coinciden con expresiones patológicas tipificadas para esa afección. Y en cambio hay malestares corporales que no remiten a ninguna alteración biológica conocida y a pesar de ello se viven como un impedimento para la vida cotidiana. Quizás por eso la Organización Mundial de la Salud (OMS) ha definido la salud como un estado de completo bienestar físico, mental y social, y no solamente la ausencia de afecciones o enfermedades. Una definición que, además de trasladarnos una idea casi utópica-platónica de lo saludable (perfecto, completo), nos habla de la salud como un estado, es decir, una situación vulnerable e *infirma*.

Siguiendo la expresión que venimos usando aquí, la unilateralización de la perspectiva funcionalista sería la tentación cartesiana llevada al campo de las ciencias biosanitarias, olvidando que también el contexto y el marco simbólico para

---

25  C. Saborido, *Filosofía de la medicina*, Madrid, Tecnos, 2020, p. 92. Podemos establecer dos grandes modelos para enfocar la noción de enfermedad y salud, dice Saborido, y por lo tanto de medicina. Por un lado, el enfoque naturalista que presupone una normatividad biológica unívoca que vale para todo el mundo (a partir de 38°C, fiebre) cuya comprensión del cuerpo es funcional, es decir, de si se cumplen las funciones para las que está diseñado ese órgano. Por otro lado, el constructivista, que defiende que si se quiere conocer de verdad qué significa predicar de algo que es saludable o enfermizo hay que acudir al conjunto de valores y creencias que configuran un entramado social. Saborido defiende una perspectiva híbrida que huye tanto de los excesos del objetivismo acrítico como del subjetivismo relativista (p. 121). En efecto, parece que ambas perspectivas, tomadas por sí solas, se auto refutan, porque la una lleva a la otra.

III. *Ethos* de la vulnerabilidad

determinar lo que es saludable y lo que no pesan en el valor que se le otorga a lo saludable.

En el periodo romántico, por ejemplo, parece que algunos escritores y artistas consideraban la enfermedad más interesante que la salud. Propiciaba un mayor conocimiento de sí mismos, sugerían, al tiempo que alongaba la imaginación y la sensibilidad. Una temeraria y peligrosa idea de lo interesante que es completamente ajena a nuestra concepción,[26] en la que predomina una comprensión de la enfermedad como debilidad. Como si quien enfermara fuese siempre responsable de su desdicha, la enfermedad es en ocasiones para nosotros algo que hay que esconder o incluso una mancha de la que avergonzarse. Nuestro contexto productivo y competitivo abona este sentido culpabilizador al perpetuar la idea de un mundo en permanente explotación donde el mantra es no parar nunca. Estar enfermo significa tener que parar y reposar y eso, literalmente, se paga. A veces con la pérdida del trabajo, y en otras ocasiones con la falta de acceso a una eficiente cobertura sanitaria si no es por medio de aseguradoras.

A la luz queda, pues, que algunas concepciones de lo que es saludable y lo que es enfermizo podrían perfectamente transmutarse una por otra y saldríamos ganando. A pesar de pretender ser saludables, algunas concepciones de la enfermedad son claramente patológicas. Así que la cuestión de cómo pensar la «salud» de una manera que no sea ni reduccionista ni alienante nos impulsa a buscar un principio de reflexión que sea a la vez pluridimensional y liberador.

Este principio lo encontramos en la noción de analogía antes expuesta. De hecho, el ejemplo clásico utilizado por

---

26 Susan Sontag lo expone elocuentemente en *La enfermedad y sus metáforas*, op. cit.

## Vulnerabilidad

muchos filósofos para ejemplificar qué es una analogía es el adjetivo «sano», como ya hemos dicho en la primera parte. Sano se dice de la orina, del cuerpo o de la bebida, pero no significa exactamente lo mismo en todos los casos. De la orina se predica como signo de salud, del cuerpo en cuanto es sujeto de salud y de la bebida en cuanto es causa de salud. En concordancia con la circularidad y analogicidad de los conceptos que venimos manifestando, lo saludable tendría que concebirse como una situación multifocal y plural que permite el despliegue de nuestras capacidades y de nuestra autonomía tanto a nivel individual como comunitario. Teniendo en cuenta, además, que somos seres psicofísicos, que nuestras mentes y cuerpos no son máquinas, si no interacciones que cambian, que se adaptan y se desarrollan, y que por lo tanto interactúan con condicionantes de todo tipo. Es decir, que ni lo pueden todo ni todo lo que pueden les conviene.

Concebida así la salud, la enfermedad rebaja su semántica de excepcionalidad, tanto en el terreno fisiológico como, sobre todo, en el psicológico, donde su tabú alcanza cotas todavía más altas. No es lo deseable ni mucho menos lo que debe promoverse, porque incapacita y añade más incertidumbre, pero la enfermedad forma parte de los estados posibles de los organismos. Ni evoca culpa ni menos aún revancha porque, a fin de cuentas, enfermedad significa no estar firme, y nadie se sostiene ni solo ni para siempre.

Dependemos unos de otros y de muchas más cosas y siempre existe un imponderable de fortuna e incertidumbre que pueden marcar la diferencia. La enfermedad manifiesta la cara más oscura de la vulnerabilidad y su posibilidad no es para nada excepcional. Siempre está ahí, presente. Suficiente tenemos con tener que colindar con las heridas de la vida como para tener que añadir estigmatizaciones dolorosas que ni

III. *Ethos* de la vulnerabilidad

reducen el impacto de la enfermedad ni menos aún la evitan. Estigmatizaciones que son, además de inútiles, éticamente inaceptables.

*Ética y cuidado: más allá del tópico.*

La ética tiene que ver con la salud porque la ética también tiene que ver con el augurio de una buena vida. ¿Si no por qué al encontrarnos y al despedirnos nos saludamos? Nos deseamos el bien más preciado que nos mantiene a resguardo de lo temible de la condición vulnerable y que nos rescata de tener que transitar por sus oscuridades. En catalán o francés se manifiesta y augura «salud» y en italiano se continúa utilizando la expresión «salve» para saludar, en consonancia con la riqueza etimológica de la palabra «salud».

También la salud es apreciada porque es la condición biológica de todo lo demás. En todos los sentidos: por su fragilidad esencial, porque se puede «perder», aun haciendo todos los esfuerzos para que no sea así, e impedir o complicar cualquier acción. Por su interdependencia con otras dimensiones (la relación intrapersonal, la interpersonal, la socio-política y, claro, también la dinámica biológica). Y por la realidad interdependiente a la que apunta, al desarrollo de la cura y cuidado mutuos.

Se suele relacionar la ética del cuidado con el ámbito de las ciencias biosanitarias, pero la ética del cuidado tiene que ver esencialmente con todos los ámbitos de la vida. Cuidar no es un apéndice de la praxis profesional de médicos y enfermeros como tampoco lo es de cualquier acción y vocación desarrollada con cierta autoconciencia. Promover la salud biológica es posiblemente uno de los aspectos más importantes de la vida, ciertamente, pero acabamos de ver que lo saludable tiene muchas facetas y hace referencia a poder ser y estar en el mundo teniendo en cuenta el conjunto de nuestras capacidades. Por eso la salud, en sus múltiples acepciones, hay que cuidarla.

Si la etimología de meditar y medicar nos ha descubierto la íntima relación semántica entre el hecho de pensar y de curar (las dos tienen que ver con tomar medidas de algo, con tratar algo y, por derivación, por tener bajo cura esa situación), la etimología de «cuidado» hace que esas relaciones se estrechen aún más.[27] Cuidar significa ocuparse de algo, lo que nos remite a la precariedad, que es solicitar, preguntar e implorar. Cuidar encuentra su raíz etimológica en el verbo *cogitare*, que significa, como Descartes ha dejado para la posteridad, pensar. Decir *ego cogito, ergo sum* no tendría por qué significar solamente yo pienso, luego yo soy. Hay otra connotación posible: *cuido, luego soy*. Porque tener cuidado de algo o de alguien no es solamente tratar y tener entre manos aquello que se nos encomienda. Es, sobre todo, pensar de un modo muy específico y concreto en el bien del otro, el bien «otro» que esa alteridad encarna.

Que a lo largo de estos siglos de historia de las ideas se hayan diseminado estas relaciones, eclipsando la dimensión simbólica y privilegiando la perspectiva biologicista y fisiológica de la salud, no impide que, cuando acudimos a la realidad, la relación entre cuidar de algo o alguien y pensar en algo y alguien tengan que ir de la mano. El cuidado también se piensa.

Sería absurdo cerrar los ojos ante la evidencia del avance espectacular de las ciencias biomédicas, resultado en buena

---

27 Cf. F. Torralba, *Ética del cuidado,* Madrid, Institut Borja de Bioètica-Fundación Mapfre Medicina, 2002, pp. 79 ss.; E. Busquets, *Ética del cuidado en ciencias de la salud,* Barcelona, Herder, 2019, pp. 23 ss.

III. *Ethos* de la vulnerabilidad

parte de los tremendos logros en materia de conocimiento biológicos y fisiológicos cosechados. Decir otra cosa es una insensatez. Pero eso no lo explica todo. Si la medicina es un arte es porque en ella dos y dos no siempre dan cuatro y porque las habilidades acumuladas siempre pueden ponerse en tela de juicio ante cada nuevo caso.[28] Pueden validarse o modificarse.

Habida cuenta de que los males corporales pueden provenir tanto de la realidad conocida y clasificada[29] como de tantas otras relaciones y circularidades ignoradas, ¿qué sentido tiene entonces hablar de enfermedades raras? Las enfermedades o afecciones no son raras o extraordinarias. Son, si acaso, poco frecuentes, y, sobre todo, desconocidas. Lo que explica su rareza no es ni la idiosincrasia de la enfermedad ni menos aún la de quien enferma, sino nuestra categorización.

En la praxis de la cura también se combinan identidad (síntomas que manifiestan los afectados por una determinada afección) y diferencia (dos o más personas pueden responder de un modo diverso ante una misma afección, e incluso una misma persona puede hacerlo en dos episodios diferentes). Es decir, se expresa la dinámica analógica de la existencia. Y esto afecta directamente a la acción médica porque curar es, en cierto modo, un acto único y original. Una creación curativa que parte de una técnica pero que va más allá de ella. Curar no es reproducir un determinado esquema o una determinada fórmula. Es, a partir de lo conocido, aplazar un poco más el horizonte de lo desconocido. Comparar para trascender, y, en definitiva, para conllevar lo «otro».

Si curar es una acción que también es fruto de la analogía, «deberíamos extender esa relación médico-paciente que evi-

---

28  H.-G. Gadamer, *El estado oculto de la salud*, Barcelona, Gedisa, 2011, pp. 45 ss.
29  Cristian Saborido, *Filosofía de la medicina*, *op. cit.*, pp. 178-181.

dencia la paradoja de la no objetividad de la corporeidad, a toda la experiencia de nuestras propias limitaciones». Así lo propone Hans-Georg Gadamer, padre de la hermenéutica contemporánea.[30] Esta exhortación significa que la infructuosa búsqueda de neutra objetividad, de la certeza clara y distinta, debe hacerle espacio a lo imprevisible. Así que en lo que concierne a la salud tampoco puede medirse todo, lo que implica que desgraciadamente tampoco puede medicarse todo. La medida de todas las cosas es, simplemente, todas las cosas, teniendo en cuenta, además, que cada una de esas cosas puede cambiar.[31]

¿A qué nos referimos, entonces, cuando pensamos en la salud? ¿A un milagroso equilibrio de equilibrios de cuya dinámica poco sabemos? Gadamer invita a pensarlo así: es el estado oculto de nuestra existencia, el secreto de nuestra vitalidad, el silencio de los órganos y el olvido, en gran medida, del *ego*.[32]

El enigma de la salud y la enfermedad nos sobrepasa. Lo que es una muestra directa de que ninguno de nosotros se sostiene por sí mismo, como venimos reiterando. Sentirse o estar enfermo no debería ser visto como una experiencia alejada de lo que es la cotidianidad de la existencia. Es la explicitación aguda de una condición y la cara sufriente y dolorosa de la vulnerabilidad que solicita tratamiento, sin duda, pero que no es extraña a su dinámica. Si somos vulnerables, nuestra condición es *infirma*. Y es más, gracias a esa misma condición vulnerable a veces podemos superar la enfermedad, afectarla y tratarla para encontrar un nuevo equilibrio, gestar un nuevo estado en el mundo que, si bien parecería ser un

---

30 H.-G. Gadamer, *El estado oculto de la salud*, op. cit., p. 99.
31 C. Borck, *Medizinphilosophie zur Einführung*, Hamburgo, Junius, 2016, pp. 64 ss.
32 H.-G. Gadamer, *El estado oculto…*, op. cit., p. 130.

retorno al punto anterior, no lo es. Con él hemos sumado también una nueva cicatriz a nuestra biografías. La ética del cuidado es la ética de la vida. Sin más. La indeseable experiencia de la enfermedad conlleva también la huella de una ausencia, la pérdida de un bien que mira a su pasado con la incertidumbre de lo que le deparará el futuro. Y es un mal que puede ser mayor. Como sucede en el deseo, en la experiencia de la enfermedad hay algo de experiencia nostálgica. Y también en ese trance se hace especialmente «patente la corporalidad, la coexistencialidad, la doloribilidad, la capacidad de apreciación y el valor de la existencia humana».[33] La constatación de una apertura incierta al «poder ser» general de la existencia, que va desde el bien de la salud recobrada a la caída definitiva. La vida y su muerte.

Y si la ética del cuidado es la ética de la vida, entonces es una ética doblemente abierta. Cuando se normativizan saberes y comportamientos automáticamente queda fuera todo lo que se considera «anormal». El círculo se cierra y se vuelve autorreferencial. Es una ilusión, forzada si se quiere, pero de unas consecuencias terribles. El tiempo no nos alcanza para dar cuenta de las innumerables historias de sufrimiento que se han producido en nombre de la «normalidad». Es primordial para la salud general no confundir repeticiones con normatividad. Porque sí, hay regularidades, fenómenos que se repiten y dan pie a la construcción de lugares comunes, a patrones que dan pistas de lo que puede estar sucediendo. Hay verdades y conocimiento, y acertamos muchas veces. Pero no existe evidencia pura y absoluta, pues siempre hay que hacerle espacio a la duda. La cerrazón basada en el propio

---

33   La síntesis es de Pedro Laín Entralgo (cf. *El estado de enfermedad*, Madrid, Moneda y Crédito, 1968, pp. 174).

credo epistemológico comporta abrir la puerta a la condición dogmática, y con ello al peligro culpable de atropellar y vulnerar la vida de los otros. De eso deja constancia cualquier tipo de absolutismo, una de las posibilidades más peligrosas de los humanos y ante la cual siempre hay que estar muy atentos.

*Pensar y curar*

Recapitulemos el camino recorrido hasta aquí. Nuestra meditación asume como punto de partida que vulnerabilidad significa afectabilidad y ha propuesto la imagen del círculo imperfecto e inconcluso para figurarla. La imagen del círculo ha sido empleada para simbolizar muchas cosas, entre ellas la eternidad. En nuestro caso, el trazo se pierde y el círculo no se cierra. Nunca se vuelve a pasar por el mismo punto, ni, por lo tanto, se llega al mismo punto de partida. Siempre hay una abertura, casi insoldable e infinita, un hiato que reclama de la confianza para reducir a la mínima expresión la incertidumbre que comporta.

Esta circularidad inconclusa nos permite detectar un principio y un final en los procesos, cosa que no sucede en un círculo perfecto y concluso. No obstante, la procesión resultante no tiene por qué interpretarse como un dinamismo superador o progresivo. Describe un circuito que empieza en un punto y acaba en otro, establecidos si se estima como inicio y final provisionales, y que en cualquier caso puede estirarse hacia adelante y hacia atrás tanto como se pueda. Incluso el punto final de una determinada circularidad puede ser el punto de inicio de otra.

El asunto que nos ha servido de guía para ejemplificar esta forma ha sido la pregunta por el «yo». El conjunto de las

III. *Ethos* de la vulnerabilidad

circularidades abiertas que se suceden en nosotros y vamos cosechando en la incesante experiencia «interna» se podrían poner una al lado de otra y dibujar una especie de espiral sincopada. Esta espiral sería la idea unitaria del «yo», su identidad inconclusa. La figura de la espiral, derivada de la circularidad abierta, es una metáfora de las idas y venidas que observamos y que representamos. De los torbellinos emotivos y simbólicos que nos sacuden y las reconstrucciones sentimentales a las que nos agarramos. Del «yo» que remite a tantos otros «yoes».

Lo mismo sucede en la esfera relacional: el «yo» remite a otros «yoes», en este caso «externos». Las relaciones son circuitos incesantes que nos llevan de un lado a otro y que nunca se aquietan. Sabemos que suceden, pero no todo lo que hace que sucedan. Hay algo en las relaciones, como en las circularidades del «yo», que se nos escapa, y por eso no podemos dejar de ir tras ello. Sabemos que está, pero no cómo nombrarlo.

La analogía entre la circularidad interna y la relacional es posible. En ambos casos, se trata de una relación horizontal y de dos sentidos, donde lo interno afecta a lo externo y viceversa. Asimismo también en la dimensión relacional la figura de la espiral sincopada puede servir para imaginar la constelación social. La vida en comunidad no es otra cosa que la circularidad abierta de cada uno puesta en relación extática y fuera de sí con la circularidad abierta del otro, dando pie a nuevas circularidades y relatos que afectan, en este caso, a la forma del «nosotros» o, siendo más genéricos, a la «humanidad».

La realidad de esta circularidad primera, la de vulnerabilidad, nos ha dejado tres elementos rectores para poder pensarnos a nosotros mismos y para preguntarnos, por ejemplo, por la verdad. Son la relatividad, la reciprocidad y la reflexividad.

*Relatividad*, porque lo relativo remite a otra cosa. Es más, se hace cargo de esa alteridad y la lleva consigo. Eso significa «relación»: la acción de volver a llevar algo. Así sucede con la pretendida identidad del «yo», que se compone de tantos elementos y puede componerse de tantos otros que nunca sabemos dónde terminan unos y comienzan otros. ¿Qué es el «yo» de la autoconsciencia, cómo se percibe la corporalidad, de qué modo se asumen las verdades? En todos estos procesos, inconclusos y abiertos, hay por lo menos dos lados que se implican uno a otro. El «yo» pensado y el «yo» pensante, el cuerpo objetivado y el cuerpo vivido, la razonabilidad de las proposiciones afectadas y las razones de los otros. Un determinado conocimiento lleva a otro y genera, en cierta medida, nuevos circuitos. Siempre aparecen temas por tratar.

*Reciprocidad,* porque lo relativo comporta la pregunta solícita *(procus)* por lo que está al otro lado, colindando. Y eso, al mismo tiempo, nos devuelve esa pregunta en forma de interrogación. La pregunta por algo llama y solicita a hacerse cargo de las otras preguntas. Siguiendo con el ejemplo: para poder comprender el «yo» pensante, hay que hacerse cargo de que se existe, y eso significa preguntar por el ser en general; o que el cuerpo como objeto solamente es concebible si se atiende a la percepción del propio cuerpo y su proyección socio-cultural; o que la razón solamente se conquista a sí misma si atiende a su relatividad y la necesidad de ponerse en cuestión a ella misma. Siempre hay una alteridad que interpela.

*Reflexividad,* porque en este juego de colindantes, que se limitan entre sí, se descubre el juego de identidad y diferencia que compone la experiencia del pensamiento. Si pensar es comparar, las cosas se pueden comparar porque no son ni completamente diferentes ni enteramente idénticas. Son relacionables, es decir, análogas. A partir de esta cohabitación

## III. *Ethos* de la vulnerabilidad

se da un segundo paso, que es el proceso de flexión y de introducción de esas otras razones, motivos o intereses que transforman la identidad de partida. Por eso cualquier identidad es una generación provisional y parcial a la espera de un proceso (inconcluso) de revisión. Es afectable. Así sucede con el «yo», con el cuerpo, con la razón, y con cualquier otro concepto, incluyendo, por supuesto, el de la vulnerabilidad.

En síntesis: *relatividad*, en tanto que una identidad o una afirmación están contextualizadas y abiertas; *reciprocidad*, en tanto que interrogamos y somos interrogados; *reflexividad*, en tanto que afectamos y somos afectados y eso nos lleva a modificar nuestras identidades e interpretaciones.

Por eso a la vulnerabilidad no la podemos concebir solamente como la expresión doliente del ser humano (y no humano) que cohabita el mundo. Si es un concepto, algo que, concebido en las entrañas de la existencia, debe ser relativo, recíproco y reflexivo, debe tener una semántica anfibia capaz de dar cuenta de la riqueza y relatividad de la experiencia. Ser la causa condicional de todas las experiencias, y no solamente de las sufrientes. El sufrimiento es posible porque quien sufre es susceptible de padecerlo. Es afectable, no hecho completamente y por lo tanto transformable. Y gracias a esta condición es también posible la superación de ese sufrimiento, así como la empatía, el abrazo o el amor.

Tan contagiosa puede ser la tristeza y su lágrima como la alegría y su sonrisa, siendo además posible llorar de alegría o esconder tras una sonrisa la más amarga de las desdichas. La vulnerabilidad entendida también como don mutuo cobra relevancia en la forma de la relación interpersonal, que es la ética del cuidado. Pero no hay que incurrir ni en el tópico ni menos aun caer en el paternalismo. Cuando se menciona la ética del cuidado existe una cierta predisposición episte-

## Vulnerabilidad

mológica y relacional a situarse por encima del otro, como si la situación de vulnerabilidad sufriente explícita del doliente consolidase una ontología diferenciada, otra forma de ser en el mundo. El paternalismo dice más de nuestra dificultad de convivir con el dolor que se ve y se toca, que con la situación existencial del prójimo.

Todos somos vulnerables. Lo que hay son diferentes estados mundanos donde en ocasiones la vulnerabilidad se hace más explícita. Es verdad que hay situaciones de vulnerabilidad doliente realmente acaparadoras y extraordinariamente agudas. Decir que la vulnerabilidad no solamente remite a la dimensión doliente no significa menoscabar la crudeza del dolor ni de su impacto. Al revés: es ser consciente de su realidad y tragedia personal, y su posibilidad siempre latente. Pero la ética del cuidado no puede ser, ni siquiera en sus casos más extremos, un ejercicio paternalista. Precisamente en esos momentos en que la vulnerabilidad sufriente se hace dura y anula muchas de las capacidades deseables es cuando más cuidadoso hay que ser, en el sentido más profundo de la palabra.

Como hemos dicho, «cuidado» alude a *cogitare*, pensar, que a su vez remite a agitarse. A mayor vulnerabilidad doliente, mayor necesidad de pensar con detenimiento las cosas. Pensar en el «otro» teniendo en cuenta al «otro». En la ética biosanitaria esta concreción tiene su eco en uno de los principios fundamentales de la bioética: el principio de autonomía, que debe combinarse con el de beneficencia (hacer bien al «otro») y, sobre todo, con el de no-maleficencia (*primum non nocere*; primero, no empeorar las cosas). Todo ello en un marco de justicia y equidad. En el ámbito del derecho positivo hablamos del consentimiento informado para respetar este principio y dar expresión a la realidad

III. *Ethos* de la vulnerabilidad

interpersonal que realmente subyace a toda relación, por supuesto también a la sanitaria: la promoción y el respecto de la autonomía. El paciente también es agente y promotor de su salud. Nada que ver, pues, con el paternalismo, que se sitúa en una esfera que no guarda relación con la realidad de la situación. Puede haber momentos de excepción en los que no hay más remedio que aplicarlo en virtud del juramento hipocrático. Pero incluso ahí, por muy delicada y difícil que sea una situación, por muy abarcador que sea un sufrimiento, siempre puede haber una rendija para la autonomía. Al menos como presupuesto. Junto al protocolo y al código moral que normaliza y normativiza, está la pregunta y la solicitud de una realidad propia que demanda una respuesta concreta. No se está solamente ante un caso de lo universal, si no en una dinámica de perspectivas que se complementan: a las regularidades que conocemos debemos añadir la idiosincrasia de la realidad particular. En medicina también cada persona es única. Las regularidades están ahí por algo, sin duda. En tanto que ideas generales trazan mapas de conocimiento y orientan; y lo hacen bien. Pero al mismo tiempo también hay que considerar la realidad de lo inédito, de lo «otro».

De manera que, si la circularidad primera remite a la vulnerabilidad y esta marca la semántica de las experiencias humanas, estos tres elementos rectores también deben estar presentes en la pregunta por la posibilidad de la ética. En consecuencia, también en el terreno de la ética del cuidado nos movemos en la relatividad, la reciprocidad y la reflexividad.

La *relatividad* apunta aquí a la relacionalidad de la experiencia vital de cada individuo. Se trata de una característica que se ha puesto de relieve sobre todo a partir de los siglos XIX y XX. Desde que el filósofo alemán G. W. F. Hegel dejara

## Vulnerabilidad

escrito que una autoconsciencia encuentra su satisfacción en otra autoconsciencia, la sensibilidad hacia la alteridad ha ido forjando una codependencia que ha acabado por desterrar la autosuficiencia del sujeto. Incluso en ocasiones se ha llegado al otro extremo, subsumiendo la individualidad a la colectividad. Si en el individualismo el ser humano es víctima de su soledad y cree que afirmándose en ella como sujeto se afirma como ser autónomo, en el colectivismo se cree que renunciando a la decisión y a la libertad en favor del grupo se obtiene un bien mayor: la seguridad. Martin Buber lo sintetizó así:[34] ni el colectivismo ni el individualismo son la vía adecuada para realizar las dinámicas que nos atraviesan, y lo peor es que nos hacen creer que solo hay estas dos posibilidades: o la afirmación del yo, o la afirmación de lo «otro». Buber representa la vía dialógica, la que sitúa la relación como punto de partida de cualquier consideración sobre el ser humano. No acepta este dilema, ya que considera que hay otra vía: la del ser humano con el ser humano, la del yo y el tú, que conjuga ambos elementos.

La pandemia vivida es un claro ejemplo de nuestra realidad dialógica. El principal canal de propagación de una enfermedad contagiosa es el contacto con los otros, la relación. Precisamente porque nos relacionamos y porque estamos cerca unos de otros, la patología se extiende. De ahí que la reclusión, necesaria para delimitar nuestro espontáneo proceso relacional, se haya tenido que implantar. Al mismo tiempo, para que la medida surta el efecto deseado es necesario que todos cumplamos con ella. La decisión particular de poner entre paréntesis la habitual cercanía solamente da frutos si todos la ponemos entre paréntesis. Si todos nos relacionamos

[34] M. Buber, *¿Qué es el hombre?*, México, FCE, 1992.

## III. *Ethos* de la vulnerabilidad

de un modo semejante ante el deber de refrenar la vida social, entonces la situación comienza a revertirse. La responsabilidad individual es indispensable pero no suficiente para la superación de una pandemia porque también se está a expensas y se depende del otro. En esta situación, cada uno de nosotros es potencial fuente de contagio para el otro, y al mismo tiempo presupuesto indispensable para la contención y superación de la emergencia.

La *reciprocidad* se convierte entonces en correlato indispensable de la relacionalidad. Al depender unos de otros y ser sensibles a las acciones y reacciones que se dan por todos lados, procuramos y solicitamos de los otros lo mismo que esperamos de nosotros. Y confiamos en que así sea. Generamos un punto de encuentro a partir de unas expectativas compartidas, proyectadas en parte desde cada uno de nosotros, pero más allá de la unilateralidad. Esto es lo que nos hace confiables unos de otros. La reciprocidad es indispensable para la propia supervivencia y no es un dádiva del «yo» al otro, un plus en la relación que se establece, sino que es la respuesta que también parte del «yo» a la interpelación que supone saberse necesitado.

En consecuencia, es infructuoso querer encontrarse consigo mismo de una vez para siempre, dando por supuesto que hallarse fuese algo que realmente reportase alguna plenitud. El «yo» nunca es ajeno a todo lo que lo atraviesa, por educación, por afecto o por biografía, ni tampoco a lo evocado a partir de estas interacciones.

Ahora bien, eso tampoco significa que cada uno de nosotros seamos un mero producto de esas interacciones. Siempre hay algo en cada uno de nosotros que permanece indisponible. Y, además, vernos como «producto» sería una perspectiva demasiado cercana a la lógica de mercado donde todo tiene

## Vulnerabilidad

un precio y en la cual de lo que se trata es de venderse. El peligro de la mercantilización de uno mismo no aporta atajos para llegar a ninguna identidad deseable. En todo caso redobla la precariedad y precipita la miseria porque se está a la expectativa de una objetualización que en vez de aportar sentido a la propia vida la sume todavía más en su alienación. La senda debe ser otra. Como el sujeto amante, el *procus* que ruega y solicita la atención y cuidado de la persona amada, la dimensión relacional se concreta en la dinámica del deseo ético. Interpelamos y al mismo tiempo nos interpelan. Nos solicitan y solicitamos, desde el afán de que el ruego común sea acogido, confiando en que el otro responda, y lo haga de tal modo que ya no sea «otro», en genérico, sino que se concreta en una acción dadivosa, amistosa y amorosa.

El elemento indispensable en todo este circuito es, sin lugar a dudas, la libertad. Sin libertad no hay acción ni reflexión, y es condición *sine qua non* para la responsabilidad. También lo es para la vivencia de la vulnerabilidad. Si las cosas pueden ser diferentes es porque también se quiere que sean diferentes. Querer no es poder, ciertamente, pero para poder, hay que querer. Con la libertad y el misterio de la voluntad tocamos probablemente el último confín de lo pensable, puesto que no atañe solo al prodigio del bien, sino que también implica el escándalo del mal. Si se ama libremente, también se debe poder odiar libremente. Si el amor no solamente es fruto de los condicionantes que lo propician, el odio tampoco. Si no, no estaríamos hablando de libertad.

La condición vulnerable requiere que haya libertad. En mayor o menor medida, pero que la haya. Y solamente porque hay libertad puede asumirse que hay responsabilidad,[35] que es

---

35 «Responsabilidad es el cuidado, reconocido como deber, por otro ser, cui-

### III. *Ethos* de la vulnerabilidad

la capacidad de dar respuesta a la pregunta, a la solicitud del *procus*, las interrogaciones que tejemos. Sin libertad la capacidad de pensar en esa alteridad, ir más allá de lo genérico y lo abstracto para operar una respuesta concreta y adecuada a esa solicitud que puede llevarnos al límite, se convertiría en un proceso automatizado.

Dicho de otro modo, solo si hay libertad hay capacidad de *reflexión*. Es decir, de abstraerse de todos los condicionamientos posibles y tomar partido ante una situación. En lo teórico, como hace Descartes haciéndose cargo de la duda que todo lo condiciona, y en lo práctico, al asumir la moral provisional.

Que cuidado y *cogitare* compartan etimología no es un dato sin más. La intersección de ambas acciones encuentra aquí su importancia. Ambas son expresiones de la libertad de poder cambiar, flexibilidad para curvarse y doblarse sobre ella misma y preguntarse cómo proceder. No desde la contemplación aséptica, ni desde la acción impetuosa. Cuidar y pensar no se excluyen, si no que se implican mutuamente. Para poder cuidar al otro, hay que pensar en el otro, que es pasar de la generalidad del «otro» al «tú». De la consideración deontológica del deber a la disposición amorosa que lo reconoce como prójimo y, llegado el caso, como «amigo». Si Aristóteles dedicó parte de su *Ética a Nicómaco* a pensar la amistad es porque tiene que ver con la experiencia ética. La amistad es una de las alegrías éticas de las que también es capaz el ser humano.

Las amistades se parecen, pero no se replican. Unas relaciones van por unos derroteros; otras por otros. A veces se intensifican, otras se atenúan, e incluso llegan a perderse. Su

---

dado que, dada la amenaza de su vulnerabilidad, se convierte en "preocupación"» (H. Jonas, *El principio de responsabilidad,* Barcelona, Herder, 1995, p. 357).

especificidad las hace ser únicas, pero no excluyentes. Las amistades hay que cuidarlas, y se cuidan porque se piensa en ellas, en cada una de ellas. A su modo, de una manera que hay que descubrir y modular. No siempre vale ni la misma palabra, ni el mismo gesto, ni la misma mirada, y, a veces, lo que pide la situación es callar.

La amistad como paradigma de la relación con el prójimo: genérica y particular, se hace y deshace a cada momento, se ve afectada por otras circunstancias y afecta a otras tantas. Se nutre constantemente del deseo de que el «otro» esté, más allá de las intromisiones de esa oscura pasión humana que consiste en alegrarse del mal ajeno.[36]

Amor y amistad también compartirían etimología, y tampoco por casualidad. Si ser feliz requiere de amigos[37] es porque solicitamos amar y ser amados. Para ser y para estar. Además, ayuda a la propia salud, como se percató Descartes.[38] Al amar y ser amable uno también se está cuidando a sí mismo. Sin embargo, también proliferan la indiferencia o el odio, que todo lo destruyen, empezando también por uno mismo. Es confuso. Quizás haya algo en nuestras aproximaciones a la cuestión que no acabamos de atinar, o definitivamente que en la voluntad permanece algo que es insondable. Sea por lo uno o por lo otro, o hasta por ambas cosas, lo indudable es que cualquier

---

36  R.H. Smith, *Schadenfreude: La dicha por el mal ajeno y el lado oscuro de la naturaleza humana*, Madrid, Alianza, 2016.
37  Aristóteles, *Ética Nicomáquea*, Libro IX, Madrid, Gredos, 1985, p. 370.
38  Dice Descartes acerca del amor: «*en sorte que cette passion est utile pour la santé*» (R. Descartes, *Les passions de l'âme*. Art. 97. *Oeuvres de Descartes. Vol.* XI, París, L. Cerf [ed. Adam-Tannery], 1909, p. 402).
No deja de ser reseñable que Descartes, que contrapone pasiones, menos con la admiración, de la que dice que no tiene contrario (Art. 53), hable del amor en paralelo al odio (Art. 102 y Art. 103; o Art. 107 y Art. 108). La más constructiva y la más destructiva de las pasiones, tan lejos y tan cerca, en la vida del sujeto.

III. *Ethos* de la vulnerabilidad

pregunta ética no puede cerrar los ojos ante esta perplejidad, sabiendo que, quizás, no haya una resolución para ella.

*El circuito ético*

Una de las características que nos diferencian del resto de animales es la palabra. El hecho de transmitirla, que remite a la capacidad lingüística y simbólica de vestir una experiencia, y el hecho de darla. La palabra transmitida es fundamental, porque engrasa la comunicación, pero la palabra dada, la promesa profesada, es prioritaria. Sin ella no podríamos convivir y, por ende, difícilmente podríamos sobrevivir.

La palabra epistolar conservada de Descartes es impresionante. Se escribió con un elenco muy variado de personas, incluyendo la reina Cristina de Suecia y la princesa Isabel de Bohemia. Lo relevante de sus cartas, que comprenden unos cuantos volúmenes de la edición de sus obras completas, es que en ellas no solamente da cuenta de cómo le van las cosas. En algunas misivas plantea cuestiones importantes que completan y marcan el sentido de sus posiciones filosóficas de fondo. Incluso las llegan a transformar. Así sucede con las cartas dirigidas a su amigo Mersenne, en las que plantea la posibilidad de que Dios hiciese posible lo inconcebible para la razón. Una ruptura con la estricta lógica de la razón que llevó a Descartes a asumir que el principal atributo de lo divino era su omnipotente voluntad. Casi podría decirse que existen dos Descartes: el de las obras y el de las cartas, siendo el epistolar probablemente el más espontáneo.

Por otro lado, la prolija escritura epistolar de Descartes también nos ha servido para certificar su implícita asunción de la realidad del mundo y sus conciudadanos. Mientras dice

## Vulnerabilidad

que duda de todo, lo que asiente por medio de la acción epistolar es precisamente lo que está poniendo en duda: el ser del mundo, del cuerpo y de los otros. Es su propia refutación performativa.

La performatividad ha sido, precisamente, uno de los grandes temas de estudio filosófico de la segunda mitad del siglo XX. Muchos han tomado las investigaciones de Karl-Otto Apel y Jürgen Habermas como punto de partida para ofrecer una fundamentación ética basada en el hecho discursivo y comunicativo. Son intentos de fundamentación ética que inciden en el aspecto formal de su validez y en la consecuente necesidad de compartir una misma estructura común: la de la comunicación.

Una teoría de la acción comunicativa defiende las siguientes tesis: al comunicarse se están reconociendo implícitamente (1) el derecho de todos los que concurren en una comunidad comunicativa a participar, ya sea para introducir alguna posición o para rebatirla; (2) el derecho a manifestar las propias opiniones, deseos y necesidades; y (3) el derecho a no ser coaccionado por ello. De esta forma se busca establecer un principio generalizador que actúe como regla de argumentación y que tiene su fundamento en la presunción de que cada uno de los participantes quiere argumentar. Es decir, que a partir de la voluntad compartida de interactuar discursivamente se deducen los implícitos éticos que se derivan de esa voluntad comunicativa.

A los derechos les siguen sendas obligaciones, de manera que este tipo de ética discursiva funciona como un procedimiento, como la comprobación de la validez de los actos que se llevan a cabo (actos performativos y no meramente informativos). Es un tipo de ética que entronca con la pregunta por la justicia y por los derechos y deberes

## III. *Ethos* de la vulnerabilidad

fundamentales aplicables a todo comunicante. Sin embargo, se ha contrapuesto que este tipo de éticas puede incurrir en abstracciones despersonalizadoras, sobre todo a partir de la noción unívoca y universal de razón que manejan. Así que uno de los principales asuntos que debe afrontar este tipo de éticas (y de cualquiera, podría decirse) es delimitar hasta qué punto podemos o debemos generalizar, y hasta qué punto evitar racionalismos excesivos.

Tomemos como ejemplo de performatividad la escritura de este pasaje del libro que ahora usted está leyendo. A medida que lo escribo asumo, presupongo, que usted, lector o lectora, puede haber llegado hasta esta página. Lo asumo como posibilidad porque puede ser que haya perdido el interés y no llegue hasta aquí. Lo relevante es que me prefiguro una imagen genérica de lo que puede pensar un lector o lectora y a partir de ahí dialogo con ella. Este proceso que recreo no considera, ni puede hacerlo, la realidad particular de cada lector o lectora. Puedo proyectar, genéricamente, una suma de particularidades, que dicho a la inversa es no figurarse ninguna en concreto. La performatividad en cuestiones de ética ayuda a prefigurar, prever y anticipar lo que puede pensar, sentir y querer el otro, pero con el valor de ser una generalización. Y eso es lo que justamente desde una ética del cuidado, comprendida como ética particular, se critica. Pensar genéricamente es pensar en nadie. Incluso puede obligar a que cada uno pierda su genuinidad y biografía para obligarle a ser un caso más de «lector» o «lectora», siguiendo con el ejemplo. Si hay tantos libros como lectores es porque un libro tampoco es un círculo cerrado, así que no hay «lector» o «lectora» en abstracto.

Asumida la crítica, que es pertinente, también hay que achacar a esa particularización radical que olvida que cual-

## Vulnerabilidad

quier acción acepta un marco de referencia más ancho que su caso en cuestión. Si a todos los que leemos libros nos gusta leer e interactuar con el libro es porque, en efecto, leemos. Por eso hablamos de lectora y lector, y no, por ejemplo, de deportista. Un deportista puede perfectamente leer, por supuesto, pero no es la actividad por la que decimos que alguien es «deportista».

Es posible que mi ejemplo no acabe de ser del todo diáfano, pero confío (como acto performativo) que ayude a comprender lo que pretendo proponer: que la ética de la justicia, la que se plantea deberes y obligaciones comunes a cualquier agente libre, y la ética del cuidado, la que reclama la particularidad intransferible de esa acción, se reclaman, se equilibran y se incentivan mutuamente.

Porque, en efecto, universalizar es una forma de reducir la pluralidad que puede resultar muy peligrosa. Seyla Benhabib lo formula así: «las teorías morales universalistas en la tradición occidental [...] son sustitutivistas, en el sentido de que el universalismo que defienden se define subrepticiamente identificando experiencias de un grupo específico de sujetos como el caso paradigmático de lo humano como tal. Estos sujetos son invariablemente adultos blancos masculinos».[39] Es decir, no hay ni puede haber un concepto moral universal que haga justicia a la pluralidad existente. Se proyecta como universal lo «propio» de algo, y esto «propio», que se asume como normativo, es por definición sesgado, y por lo tanto, excluyente. Es potencialmente violento porque fácilmente presupone que lo «impropio», lo que queda fuera de su esfera, pasa a ser algo moralmente «inapropiado». De

---

39  S. Benhabib, *El ser y el otro en la ética contemporánea*, Gedisa, Barcelona, 2006, p. 176.

III. *Ethos* de la vulnerabilidad

aquí al machismo, la xenofobia y cualquier otra de las lacras sociopolíticas que sufrimos hay un ínfimo paso.

Sin embargo, el particularismo puede llevarnos fácilmente al relativismo, que hay que diferenciar del perspectivismo que aquí proponemos. Un relativismo radical puede comportar la inacción que perpetúa la injusticia. Si no hay posibilidad de emitir juicios extrapolables que puedan ser válidos para todos y todas entonces tampoco hay posibilidad de pedir una responsabilidad en particular. Si no tenemos un criterio positivo de lo que es o deja de ser justo, si no podemos decir que la muerte de un niño refugiado a orillas del mediterráneo es una flagrante injusticia y un escándalo aquí y en cualquier mundo posible, entonces somos cómplices de esa injusticia. De modo que no hay que confundir perspectivismo con relativismo. Que haya diferentes perspectivas acerca de lo que es o puede ser justicia no significa que haya que suspender el juicio acerca de lo que es manifiestamente injusto.

Ocuparse de un caso particular conlleva también preocuparse por el establecimiento de un eje universal. Una universalidad circular y abierta, por supuesto. Una universalidad vulnerable. Porque que lo universal no acabe de cerrarse nunca y sea susceptible de ser más universal es lo que lo hace susceptible de ser universal. Es decir, que nunca llega a serlo, porque siempre quedan «más» casos y particularidades por acoger, por considerar. Cerrarlo sería una peligrosa ilusión. Un universalismo moral entendido como constructivismo ético entiende que el concepto a universalizar siempre está sujeto a infinitas reversiones. Un universal provisional, en camino, que se modula cada vez que avanza.

La oposición a superar es la que pretende confrontar justicia y vida buena, como si el ser autónomo moral no fuese real, no existiese.[40] Que sea encarnado, contextualizado y, por lo tanto, condicionado, en constante interacción, no significa que no sea consciente de su trasversal precariedad. Así que no es ninguna ficción que la ética tenga que preguntarse por la justicia. Y menos aun que lo tenga que hacer sin caer ni en los peligros del universalismo ni en la pusilanimidad del relativismo.

Pues bien, es en este punto donde la dinámica del no-criterio a la que antes nos hemos referido revela su fuerza propositiva para esta ética del cuidado transversal.

El no-criterio no solamente hace las funciones de dique y resistencia frente a las intenciones absolutistas de la reflexión ética. El no-criterio funciona también como un acto perfomativo de doble sentido. En su restricción, como alternativa a la tentación de cerrar el círculo; y en su expansión, y en consonancia con la conciencia reflexiva de esa imposibilidad, como la asunción de la precariedad y provisionalidad en la que queda todo sistema moral.

Dicho de otro modo, que en cuestiones de ética lo que realmente vale es la palabra dada, la reciprocidad de la confianza compartida. Y eso vale para todos los casos en que se da. Luego viene la acción, que debe ser la manifestación de esa palabra.

El acto performativo del no-criterio se abre a la universalidad cuando uno afirma que es «persona de palabra». Si uno proclama que cuando da la palabra la cumple, es porque la cumple en cada caso que la da. Por eso es de fiar. Se presupone que quien da su palabra es cuidadoso con la promesa. Claro que el riesgo cero no existe, y menos en cuestiones

40  *Ibid.*, pp. 182 ss. Sobre la relación entre la ética del cuidado y la ética de la justicia, cf. E. Pulcini, *Tra cura e giustizia. Le passioni come risorsa sociale*, Turín, Bollati Boringhieri, 2020.

III. *Ethos* de la vulnerabilidad

que tienen que ver con la libertad. Podemos equivocarnos al prometer algo y también al confiar en la promesa recibida. Incluso podemos directamente mentir. Para reducir el agobio que genera tanta desconfianza podemos potenciar las penas y castigos que se derivan de esos actos de falsedad. Pero el asunto no se arregla, porque dos o más no se entienden si todos no quieren, y por mucha efusión que se tenga en la persuasión de la coacción, la verdadera confianza se labra en el querer compartido.
La palabra dada es previa a la deliberación. De ahí que en propuestas como la que Rawls desarrolla en su *Teoría de la justicia* (1971) se eche en falta una mayor consideración de esta preeminencia. Para Rawls, la previsión racional de la decisión justa se fundamenta en el hecho de que todos somos racionales, lo que a su juicio da una unidad a las creencias morales. Cuando en realidad la posibilidad de un sistema teórico moral requiere de la voluntad de querer convivir. Es, en este sentido, también *infirma*: toda moral depende de una convicción previa para plasmarse, del mutuo reconocimiento de ser personas de palabra.

*El riesgo de la empatía*

*Empatía* es una palabra que puede llegar a aborrecerse con suma facilidad. La pérdida de credibilidad, fruto de su uso indiscriminado, y el fetichismo con el que a veces se la nombra para amortiguarlo todo, explican en parte ese hastío. Eso no quita que si no pudiéramos empatizar tendríamos muchas más dificultades para llegar a la noche de una jornada ordinaria. Ser capaz de trasladarse al mundo del otro y atinar con esa suposición ayuda en muchas cosas cotidianas.

## Vulnerabilidad

Incluso es lo que las hace posibles. Es lo que facilita salir airosos de una situación en la que las rutinas de conducta no aclaran cómo hacerlo.

La empatía suele reclamarse sobre todo en el contacto relacional estrecho. Pedirle empatía a alguien es rogarle que no se muestre inconmovible e insensible ante lo que pasa o le dicen que pasa. Es una combinación híbrida de petición de universalidad y particularidad dirigida a una persona para que demuestre empatía en una determinada situación porque se le presupone la capacidad de tenerla en general. Sin esa presunción, directamente no sería requerida a serlo y, menos aún, criticada o punida por no actuar empáticamente. A nadie se le puede exigir una facultad que no puede tener.

Lo decisivo para poder valorar si una determinada actuación es o no empática parece ser, entonces, mostrar o mostrarse como tal. Es decir, que para aterrizar la voluntad universal de cuidarse y de cuidarnos y llevarlo a cada caso concreto la empatía se hace indispensable. Pero con esto no queda resuelto el asunto, pues como Descartes prescribe, hay que dudar metódicamente de ciertas cosas, porque muchas de ellas parecen lo que no son y otras son lo que no parecen.

Decimos que empatizar es fundamentalmente saber y querer compartir la risa y el llanto.[41] Sin embargo, el sentido que hoy le damos mayoritariamente a la palabra empatía (que entronca con la *Einfühlung* alemana) no guarda mucha relación con el que le otorgaban los antiguos. Para Galeno, por ejemplo, empatía significaba dolencia y no tenía nada de saludable; comportaba, si acaso, un trance desestabilizante por excesos de dolor. Poco que ver, asimismo, con la *apatheia*

---

41  H. Plessner habla en *La risa y el llanto* (Madrid, Trotta, 2007) de ambas experiencias como excentricidad, y, fundamentalmente, como corporales.

III. *Ethos* de la vulnerabilidad

como gran virtud del sabio ante los acechos de la vida que propugnaban los estoicos, quienes probablemente considerarían que lo que hoy entendemos por empatizar no tiene nada de deseable.

Para nosotros, en cambio, se trata de una cualidad, de una virtud de conexión que facilita una interrelación «sana». Asumimos que una persona empática es aquella que es capaz de ponerse en el lugar del otro, de hacerse cargo de las razones ajenas y de priorizar el consenso al disenso. Hacerse suyo algo es llevarlo a la propia vivencia. Es incorporar un *pathos*. Lo que requiere ser capaz de combinar objetividad y subjetividad, universalidad y particularidad, semejanza y diferencia. Analogía en acción, en definitiva. Como sucede con la vulnerabilidad, en la empatía tiende a enfatizarse el sentido sufriente del circuito de identificación, aunque sí es verdad que, a diferencia de la vulnerabilidad, no es inusual decir que uno empatiza con la alegría de otros.

Situémonos en el París de principios de 1929, en el anfiteatro René Descartes de la Universidad de la Sorbona. El fenomenólogo Edmundo Husserl imparte unas conferencias en las que trata temas fundamentales de la filosofía a propósito de la obra de Descartes. Poco después, Gabrielle Peiffer y un joven Emmanuel Lévinas, que se doctoró en la Universidad de Estrasburgo con una investigación sobre aspectos de la fenomenología de Husserl, se encargaron de traducir el texto al francés. Las conferencias, reelaboradas y adaptadas para componer un libro, aparecieron publicadas en 1931 en francés con el título de «Meditaciones cartesianas».

Husserl sitúa su método, la fenomenología, a la estela del cartesianismo, pero en relación crítica con alguno de sus puntos clave. Le inquietó particularmente la soledad del *ego cogito* y sus consecuencias para la ética. Si la filosofía cartesiana

## Vulnerabilidad

es una filosofía trascendental, en el sentido de que se pregunta por las condiciones mínimas y comunes (universales) a toda forma de pensar, la cuestión de la intersubjetividad no le puede faltar.

Husserl, que trabajó en ese tiempo sobre la cuestión, comienza su quinta meditación, la más conocida y compleja, emulando la reflexión autorreferenciada de Descartes. Pero rápidamente llega a la conclusión de que el *ego* encuentra, además de objetos, otros *egos* en el mundo. A diferencia de Descartes, para quien el repliegue del *cogito* implicaba también el sesgo automático de la alteridad, el *ego* debe descubrirse en un magma de diversos *alter ego*. El *ego* cartesiano accede a él mismo de manera exclusiva, negando el *alter ego*. Lo máximo que concede es la objetivación de otros cuerpos, otras *res extensa*, lo cual no ayuda mucho a la intersubjetividad porque objetivar es anular la alteridad.[42] Para Husserl, en cambio, afirmar el *ego* incluye reconocer la efectividad del *alter ego*, por eso conocer cómo es posible la empatía es esencial para poder preguntar por la identidad del «yo».

«El "otro" remite, por su sentido constituido, a mí mismo; el otro es reflejo de mí mismo, y, sin embargo, no es propiamente reflejo; es un análogo de mí mismo».[43] La cuestión es qué tipo de analogía se construye o se evoca para pensar en los otros, porque como ha quedado esquematizado anteriormente no es lo mismo la reducción *ad unum* de las multiplicidades, que destaca lo que es semejante a uno mismo *(ego)*, que la analogía de proporcionalidad, donde las relaciones se establecen salvaguardando las distancias *(alter)*.

---

42  J.-L. Marion, *Questions cartésiennes*, *op. cit.*, pp. 191-207.
43  E. Husserl, *Meditaciones cartesianas*, Madrid, FCE, 1985, p. 154.

## III. *Ethos* de la vulnerabilidad

El punto de partida para pensar la empatía es que nos están dados sujetos que no somos nosotros. Que hay algo que nos trasciende, una vez más. En este caso, algo que es ya *alguien*. No deja de ser paradójico que uno sea su «yo» para sí mismo, pero cuando está en una cola para pagar y se pide por quién es el siguiente y alguien responde «yo», no nos sobresaltemos reclamando la auténtica «yoidad» para nosotros. Parece un juego de palabras pero no lo es. Es el tácito reconocimiento de que hay más «yo» fuera de uno mismo. De que *nadie* agota los «yo», a pesar de que para cada uno de nosotros el único «yo» accesible sea el que se encarna.

A partir de las investigaciones doctorales de Edith Stein sobre la empatía (tesis que dirigió Edmund Husserl, por cierto) podemos decir que la dinámica empática transita por tres momentos: la aparición de la vivencia, su explicitación y su objetivación. La concreción de esta experiencia tiene que ver con aquello se está manifestando, que es la incorporación de la vivencia ajena, o la excentricidad de esa vivencia, ya no centrada en el «yo» sino remitida al «otro».[44] Pero la pregunta es: ¿qué es lo que aparece, lo que se manifiesta, en la vivencia de la empatía? ¿Es factible decir que realmente salimos de nosotros mismos?

En todo este proceso una cosa sí parece clara, y es que el ejercicio de la mirada es fundamental.[45] Mirarse cara a cara y, sobre todo, no bajar la mirada ante el «otro» dice mucho. De uno mismo, claro. Se estima que en nuestras sociedades nos miramos un 60 por ciento del tiempo en que mantenemos una conversación, menos cuando nos apasionamos o cuando

---

44   E. Stein, *Sobre el problema de la empatía*, Madrid, Trotta, 2004, p. 27, p. 52.
45   D. Le Breton, *Les passions ordinaires. Anthropologie des émotions*, París, Payot, 2004, p. 251 ss.

## Vulnerabilidad

litigamos, que entonces la mirada es más directa y sostenida.[46] En la mirada es donde la posibilidad de la empatía se pone más en juego y donde circula más claramente en ambos sentidos: miramos al tiempo que nos miran. La exposición de la propia intimidad y el resquebrajamiento de la máscara que todos llevamos puesta (*prósopon*, en griego; *persona*, en latín). Es lo que más incomoda de esos ojos que nos interpelan. Por eso cuesta tanto aguantar la mirada.

Yendo al punto crítico de la pregunta por la posibilidad de la empatía, en el momento del surgimiento del elemento propio con el que empatizamos (porque no empatizamos *con* el «otro», sino con una vivencia *en* nosotros del «otro» y que reportamos como ajena), es donde se pone en juego la circularidad que ya conocemos. La analogía puede ayudar como mecanismo relacional a inferir elementos empáticos, pero también puede interferir en ellos. Cuando hay una previsión excesiva por analogía, todo se reporta en exceso al «yo». Es lo que sucede cuando uno conversa y lo relaciona todo con su propia experiencia, dando pie a una injerencia excesiva que se convierte rápidamente en una interferencia.[47]

La analogía también se hace desde un punto de fuga, que es uno mismo, con lo cual la pregunta permanece incólume. Si es cuestionable que sea posible salir del *ego cogito*, teniendo en cuenta que lo ajeno es «ajeno» para mí, ¿a qué podemos acceder con rigor en esa vivencia ajena?

Este cortocircuito, radical, pone en tela de juicio la posibilidad misma de la empatía y traza una duda que siempre la acompaña. Debemos ser claros en este punto y asumir que

---

46   Ibid., p. 259.
47   Stein se refiere a la analogía en su análisis sobre la empatía, aunque no distingue esta dualidad que nosotros aquí proponemos (*Sobre el problema de la empatía, op. cit.*, pp. 44, 85 y 105).

## III. *Ethos* de la vulnerabilidad

el círculo de la empatía no puede cerrarse. La pregunta por la posibilidad de la empatía es una pregunta límite, abierta, incluso vulnerable, si se prefiere. Ahora bien, hemos visto antes que en el concepto de lo limítrofe se da una circularidad por la cual las cosas se reconocen mutuamente. Así que preguntarse por el límite de la propia empatía es presuponer en primer lugar que algo alrededor de ella existe. Falta saber qué, si una idea, una ilusión o realmente una comprensión de la alteridad.

Al manifestar que siento cosas fuera de mí y que me las figuro como ajenas se descubre una dualidad: que las siento «yo», pero que no me las adjudico a mí. A partir de ahí viene la pregunta de hasta qué punto puedo adjudicarlas como ajenas, pregunta que precisamente pretende refinar la capacidad empática al exigirse uno mismo no dejar de sospechar sobre sus propias interferencias. Esto supone ya un gran qué, puesto que implica aceptar performativamente que la empatía es posible, al menos en algún grado. Sin embargo, lo que esta performatividad no puede despachar es la duda de si realmente estamos acertando en nuestras aspiraciones empáticas, del mismo modo que no se puede explicar qué es el color sin apelar a ningún color. Hay que insistir en esta restricción porque no hacerlo tampoco la va a eliminar. Empatizar es, en última instancia, optar por la empatía.

Otro asunto importante, centrífugo, para la comprensión de la empatía es su íntima conexión con la pregunta ética. Si la diferencia entre explicar y justificar es primordial en cualquier aspecto que analicemos, en el circuito de la empatía lo es aún más. Se puede empatizar con experiencias anímicas de placer de un prójimo sin por ello darlas por buenas, *in*-corporarlas, lo cual no hace a esa persona automáticamente reprobable. Y se puede empatizar con un suceso negativo sufriéndolo más incluso que la persona a la que le ha sucedido, lo que no la hace admirable. De la empatía no se deriva ningún criterio ético porque este remite a otros elementos que van más allá de la capacidad de compartir un determinado *pathos*. Por eso cuando se pretende que la empatía sea la solución milagrosa a los malos entendidos probablemente no se esté haciendo referencia a ella, o por lo menos no a sus dinámicas. Primero porque el malentendido siempre es posible. La distancia entre el «yo» y el otro, que hace que nuestra empatía sea siempre un posible fraude, una proyección que se inmiscuye erráticamente en la intimidad ajena, siempre está ahí. Y segundo porque, en consecuencia, la distancia entre el otro y el «yo», que deja intacto el vuelo de su libertad, también permanece. Puede ser que nos equivoquemos y tomemos por veraz un engaño premeditado. Es decir, que nos mientan. O puede ser que no. Así que la empatía implica también asumir el riesgo de la palabra dada.

Por eso también es especialmente importante desechar de antemano cualquier tipo de paternalismo. Hay que ser cautos en relación a las posibilidades últimas del acto empático; es decir, a poder acortar las distancias. Lo único que nos permite la empatía en relación a la experiencia ética es leerla como una preparación para la reflexión moral, para la pregunta ética.[48] Y hay que subrayar lo de preparación porque sobre todo es una declaración de intenciones, una manifiesta voluntad de confiar, de convivir. De la empatía no se puede derivar ningún sistema moral porque hay quien puede empatizar con situaciones que comportan lecturas morales diversas (pero

---

48 S. Schmetkamp, *Theorien der Empathie zur Einführung*, Hamburg, Junius, 2019, pp. 182 ss. Si bien en este punto hay que distinguir entre empatía y simpatía, que autores como Hume o Stuart Mill reivindican como aquello que facilita el engranaje relacional.

III. *Ethos* de la vulnerabilidad

sin confundir, en ningún caso, la víctima con el verdugo). Si se puede ser empático pero no compartir el sistema moral, entonces la empatía no ayuda a discernir qué posiciones morales merece la pena incorporar y compartir y cuáles no. Por eso volvemos a proponer nuestro no-criterio, encauzado a través de la relatividad, la reciprocidad y la reflexividad propias de una ética del cuidado, como vehículo para minimizar el riesgo de la decisión. Una relatividad, reciprocidad, reflexividad y analogía que, como hemos dicho, implican falibilidad, contingencia e interdependencia. Es decir, una conciencia de vulnerabilidad transversal donde el error, el perdón y, en última instancia, la confianza y el valor de la palabra dada nos provisionan de elementos para poder convivir mejor.

La voluntad de empatía es la manifiesta apetencia de considerar al otro como prójimo, de asumir las alegrías y las penas del otro como si fuesen las propias porque, en efecto, pueden ser las propias. Verlo con otros ojos que los de la indiferencia o la envidia *(in-videre)*. Y esta voluntad es primordial. Pero creer que con eso es posible descubrir de una vez por todas el contenido de «la» experiencia, de «la» razón y de «la» verdad es querer cerrar el círculo, y eso sabemos que es un objetivo infructuoso. Lo que sí está a nuestro alcance es proponer una confianza contingente pero convencida de que lo que importa, nos importa, es buscar el bien que nos es común y materializarlo. Integrar que el otro es tan importante y concreto como lo es uno mismo, y que cuanto mejor estemos todos, en cuerpo y alma, mejor nos irá también a todos.[49]

El despliegue de esta ética del cuidado nos deja a las puertas de la política, la dimensión comunitaria de la relación

---

49 En *La vida también se piensa, op. cit.* (capítulo 5) ensayo un esquema general de esta posición, haciendo dialogar a Aristóteles, Kant y Lévinas.

Vulnerabilidad

con la alteridad. Pero hay que insistir, sobre todo antes de dibujar los trazos de una política acorde con lo que venimos diciendo, que la piedra de toque de toda filosofía, y todavía más de la que aquí estamos esbozando, es la libertad. Y si existe libertad para amar, también debe existir para odiar. Sostener que el mal es consecuencia de la ignorancia o de un determinado contexto socioeconómico es no dejar espacio para otras posibilidades e infravalorar la capacidad de relativizar esa ignorancia y esas condiciones. Ni todos los ignorantes somos malos ni todos los desfavorecidos angelicales. Claro que hay condicionantes, y graves. Y hay que erradicarlos. Y cuanto más tardemos, peor será. Pero no hay que llevarse a engaño: el mal existe, y puede que más de una maldad sea fruto de la voluntad. Asusta y genera escalofríos pensarlo, sin duda, pero es una posibilidad que también forma parte de nuestra condición. La libertad y su indisponibilidad pueden llevarnos tanto a los cielos como a los infiernos.

*Tanatofobia*

El filósofo tiene interés en la política en tanto que ser mortal. Es decir, es la finitud radical y su horizonte inapelable lo que da contenido y forma a la reflexión política. Esta vinculación de política y reflexión sobre la muerte que propone Hannah Arendt[50] choca con muchas concepciones ambulantes de la política, especialmente aquellas que tienden a proyectar en su acción una manera de trascenderse a sí mismo y de alcanzar determinadas cotas de poder. Para una filosofía en clave de vulnerabilidad, en cambio, es el recordatorio de que todo lo

50  H. Arendt, *La promesa de la política*, Barcelona, Austral, 2015, p. 119.

## III. Ethos de la vulnerabilidad

que tiene que ver con lo humano, por lo tanto también la política, tiene que estar acompañado de esta conciencia de finitud. Las dos cuestiones que inciden en la interpretación existencial que hacemos son el desarrollo de la propia libertad y la realidad en vida de la muerte.[51] Y ambas nos provocan tal impacto que las vemos presentes, y de manera reiterada, en muchos de los nudos emocionales que nos acompañan a lo largo de la existencia. Son fuentes de vida y por eso también de angustia, ya que ambas apuntan a la desnudez de la existencia. De la libertad en sí, o la cara lúcida de la vulnerabilidad, pocas cosas se pueden decir. De la propia, a duras penas algo, y de las ajenas, por analogía podemos dibujarlas y entrelazarlas, como hemos tratado de hacer en estos últimos apartados. Pero en última instancia no podemos decidir por ellas. Podemos incidir en su reacción, pero nunca suplantar su acción. Nadie ocupa el lugar del otro, por eso hemos hablado de la empatía como confianza. Es lo que hace que la alteridad realmente quede siempre como alteridad, por mucho que se la quiera reducir.

Con la muerte sucede algo parecido. Es una experiencia límite, una de las cuatro que ponen la existencia a prueba, por usar la terminología del existencialista Karl Jaspers.[52] Y a pesar de que también aquí lo limítrofe tiene el mismo sentido de analogía y de perspectivismo que el resto de conceptos, pues la muerte puede ser proyectada en primera, segunda o tercera persona,[53] o simbólicamente como sueño eterno,

---

51  En *Psicoterapia existencial* (Barcelona, Herder, 2015), I. Yalom desarrolla ambas experiencias como preocupaciones primarias y acuciantes de la existencia humana, sobre todo por las consecuencias de ruptura y aislamiento que provocan.
52  Las otras tres para K. Jaspers son: el sufrimiento, la lucha y la culpa (cf. *Philosophie. Band II. Existenzerhellung*, Berlín, Springer, 1932, pp. 201-254).
53  V. Jankélévitch, *La muerte*, Valencia, Pre-textos, 2009.

## Vulnerabilidad

despertar a la luz, liberación del cuerpo o desconexión del *hardware* neuronal, es una experiencia radical. Todo son presunciones porque la ignorancia aquí es superlativa y la incertidumbre muy densa. Un no-saber acerca de lo ulterior de la vida del que no se deriva ninguna docta ignorancia. Aquí sí que no hay más derivada que el tener que callar y esperar. O desesperar. Si todavía no conocemos la vida, ¿cómo podríamos saber de la muerte?, le responde el Maestro al discípulo en las *Analectas* de Confucio.[54]

Sin embargo, la muerte es tema porque precisamente tiene que ver con la vida. Y como la vida, da pie a diferentes perspectivas. No representan lo mismo la posición de Epicuro de Samos, buque insignia del hedonismo lúcido, o la de Martin Heidegger, prominente existencialista. Puede que a Epicuro no se le acabe de entender cuando dice que el peor de los males, la muerte, no significa nada para nosotros, ya que mientras vivimos esta no es, y cuando la muerte se hace presente entonces nosotros no existimos para sufrirla. El silogismo puede funcionar pero se trata de un nivel de ataraxia casi utópico porque la muerte se presenta como un fenómeno mucho más interpelante que un juego lógico. Es la previsión cierta e irreversible de un final, no ahí enfrente, excepcional, sino al lado, que en cualquier momento se nos lleva por delante. Es la definición de nuestro estar en el mundo, como lo expresaría Heidegger. Y eso deja pasmado.

Si no se la convoca, la muerte irrumpe. René Descartes falleció en Estocolmo en el invierno de 1650, sin cumplir los 54 años y a causa, según se cree, de una infección vírica que derivó en neumonía.[55] Se había trasladado a Suecia invitado

---

54 Confucio, *Analectas*, Libro XI, 12.
55 S. Critchley, *El libro de los filósofos muertos*, Barcelona, Taurus, 2019, pp. 191-193; B.-A. Scharfstein, *Los filósofos y sus vidas*, op. cit., pp. 150-151.

III. *Ethos* de la vulnerabilidad

por la reina Cristina. La perspectiva de convertirse en el filósofo de la monarca lo seducía, pero no residir en Estocolmo. Finalmente, la estancia nórdica no le fue propicia ni para sus estudios ni para sus obras, y buscando el reconocimiento, lo que encontró fue la muerte. Al ser Suecia un país protestante y Descartes católico, fue enterrado en el cementerio para huérfanos, sin honores y en un lúgubre olvido. En 1666 su cuerpo fue exhumado y tras algunas vicisitudes llegó a París, aunque no fue hasta bien entrado el siglo XIX que sus restos fueron depositados en la antigua abadía de Saint-Germain-des-Prés de la capital francesa. Murió solo, tal y como parece que también vivió,[56] y lejos de su tierra. De poder escoger qué muerte tener y qué sepelio recibir, Descartes habría optado por otro tipo de situaciones, sin lugar a dudas.

Para una sociedad que hace del olvido de la finitud parte de su forma de estar en el mundo, la irrupción fulgurante de la muerte se vive como un retorno de lo reprimido. Basta con observar cómo se la niega o banaliza para darse cuenta del gran respeto que infunde. A veces puede parecer que relativizarla tiene su qué, puesto que se atenúan transitoriamente los miedos que despierta. Pero el problema de esta angustia existencial es que no tiene otro objeto que la vida misma. Podemos minimizar la muerte, pero no olvidarla, porque la finitud y la contingencia no es un tema del más allá. Comparece en el más acá y acompaña la vida cotidiana. Un fugaz repaso de lo que hacemos día tras día constata la cantidad de acciones, automatizadas, que llevamos a cabo para evitar poder morir inmediatamente.

El silogismo de Epicuro ni resuelve ni disuelve el impacto de la muerte. No encaja, por ejemplo, con la necesidad espe-

---

56 D.M. Clarke, *Descartes…*, *op. cit.*, p. 417.

## Vulnerabilidad

cífica de ritualizarla. Una característica ancestral, tan primaria como la existencia misma, que nos inquiere personal y colectivamente por nuestro lugar en el cosmos. Uno muere, sí, pero a uno también se le mueren seres queridos. Por eso no nombrar la muerte es también poner en riesgo la necesidad del duelo, y, sobre todo, de los ritmos de ese duelo. No se sabe bien si es más porque representa el contrapunto a la sociedad de la producción y de la aceleración, o porque es la enmienda a la experiencia de estar en el mundo, que duele más, lo cierto es que lo relativo a la muerte tiende a ser confrontado de puntillas.

Ha habido diagnósticos de todo tipo acerca del mundo pospandémico. Se ha hablado de política, tecnología, sanidad o globalización. Pero no hay mucha preocupación por reconocerle a la muerte el papel que tiene en la experiencia cotidiana, interpersonal y comunitaria. Una falta de conciencia explícita de nuestra fragilidad radical que seguirá teniendo su impacto en la manera que afrontamos determinados asuntos bioéticos relativos a qué significa morir y despedirse. Pensemos si no en la gestión de los velatorios y ceremonias en los tiempos de pandemia.

Cuesta nombrar a la muerte. La palabra cáncer, que se utiliza para calificar algunas cosas desagradables que vemos que pasan, aún se sigue escondiendo cuando es sinónimo de muerte. Se sigue diciendo que alguien ha muerto después de una larga enfermedad y no directamente de cáncer. Al mismo tiempo, mientras el lenguaje de la enfermedad en la vida cotidiana se difumina hasta su mínima expresión, en la esfera política está normativizado que el lenguaje médico, y más concretamente el de la enfermedad, sirva para expresar los asuntos de la vida comunitaria.[57]

---

57 S. Sontag, *La enfermedad y sus metáforas, op. cit.*, p. 91.

III. *Ethos* de la vulnerabilidad

Hablamos de cáncer social o de cordón sanitario, sin ir más lejos, lo que da cuenta de que las dificultades para convivir con la enfermedad no impiden que se haga un uso político de su semántica. Una muestra de esta íntima relación la ofrece especialmente uno de los conceptos que recorre la reflexión política del siglo XX, el biopoder, en el sentido propugnado por Michel Foucault. Este concepto se conjuga con el de biopolítica, que relaciona política y «bios» (la forma de vida) y presta atención a la gestión que hace el poder político de los cuerpos.

El término «biopolítica» es muy complejo y da pie a significativos matices,[58] y también tiene, como sucede con tantos asuntos humanos, una cara muy trágica y siniestra. Una de las más oscuras es la que tuvo lugar durante la tanatopolítica del nazismo, infaustamente concretada en el horror de la Shoah. Según su nefanda jerga, la «enfermedad» a «curar» era la «infección» que amenazaba la raza «aria», de ahí que la administración de los «remedios» implementados con la *Sonderbehandlung* (tratamiento especial) no fuera asumida por sus perpetradores como lo que realmente fue. Su infame y macabro crimen masivo se convirtió para ellos en un problema administrativo. La de los nazis fue una biopolítica que en vez de estar orientada a la vida concreta estuvo centrada en la muerte genérica y en la «gestión» de las acciones necesarias para extirpar el «patógeno» que creían que los amenazaba.[59]

Este tipo de semántica estremece y repugna, por eso, aun teniendo en cuenta las grandes diferencias existentes, hay

---

58  T. Lemke, *Introducción a la biopolítica*, México, FCE, 2017; R. Esposito, *Bíos. Biopolítica y filosofía*, Buenos Aires, Amorrortu, 2006; T. Campbell y A. Sitze (eds.), *Biopolitics: a reader*, Durham/Londres, Duke University Press, 2013.
59  R. Esposito, *Comunidad, inmunidad y biopolítica*, Barcelona, Herder, 2009, pp. 133 ss.

## Vulnerabilidad

que ser muy cautos con el tipo de lenguaje médico que en ocasiones se filtra en nuestras referencias sociopolíticas. Hablamos de sanear economías, de parar sangrías, de sacar de la UCI a partidos políticos o incluso de sepultarlos. Metáforas todas ellas extraídas de la experiencia de la enfermedad y sus connotaciones. Hay que estar muy atentos, pues. Lo biológico forma parte del interés del espacio público y de la política porque también somos de carne y hueso, pero debemos ser muy cuidadosos con los usos que damos a esas imágenes en otras áreas de la vida.

La preocupación biopolítica forma parte del horizonte de la política desde la irrupción del positivismo y biologicismo del siglo XIX,[60] que hace confluir interés por la vida biológica con la gestión de la *polis*. Desde entonces es una de las áreas más delicadas de la acción política y por eso mismo sujeta a las grandes ambigüedades humanas. Dado que orienta la política a la experiencia radical de la vulnerabilidad, su acción debe considerar todas las áreas que afectan a la comunidad, incluyendo la economía. Y algunas situaciones de explícita vulnerabilidad no solamente reflejan la cara más desagradable de la vulnerabilidad común que compartimos, sino que también ponen de relieve las injusticias socioeconómicas que los humanos nos infringimos unos a otros. Que mueran más y peor las clases sociales más desfavorecidas[61] no se explica por la condición vulnerable en general, sino que apunta a un sistema que es manifiestamente injusto.

Por otra parte, para poder educar y desarrollarse hay que poder nutrirse y gozar de buena salud, y es, en efecto, tarea de la política garantizar en primera instancia todas esas

60  R. Esposito, *Termini della politica. Vol. 2*, Roma, Mimesis, 2018, pp. 65-79.
61  M. Garrau, *Politiques de la vulnérabilité*, París, CNRS, 2018, pp. 163-166.

III. *Ethos* de la vulnerabilidad

necesidades fundamentales que impone la vida concreta. Lo cual, sin embargo, no ofrece ningún tipo de justificación *per se* para injerencias excesivas en la regulación de las libertades individuales. Sobre todo cuando se dice que estas se hacen en nombre de la seguridad de esos mismos individuos. El supuesto bien mayor de la seguridad realizado a costa del bien radical de la libertad (vulnerable) entraña indefectiblemente preguntarse si esas medidas solamente comportan más seguridad para la ciudadanía o también tienen otros efectos sobre su libertad, lo que puede acabar afectando a la confianza ciudadana en sus instituciones políticas.

El dilema de la biopolítica se concreta entonces en que, a partir de la afirmación de Hannah Arendt de que la política nos incumbe en tanto que seres mortales, debemos decidir cuál de sus usos propiciar. Si la precariedad como fin radical o la libertad como principio radical de vida. Y para abonar la libertad y la vida, que es de lo que se trata, debemos prestar más atención también a los usos que hacemos de palabras como *comunidad* e *inmunidad*. La comunidad, que por etimología *(munus)* apela a un deber y a una tarea conjunta *(con-)* que vincula a sus miembros, es vulnerable, esto es, abierta y excéntrica, y nada tiene que ver con la noción de repliegue y rechazo que expresa la voluntad inmunitaria.

La comunidad es exterioridad constante, donde lo común no pertenece a nadie, lejos de la ilusión del mundo inmunizado, que necesita siempre señalar un elemento extraño y amenazante para la propia vida.[62] Lo paradójico de la estrategia inmunitaria es que, como acontece con las enfermedades autoinmunes más destructivas, en ocasiones la reacción del sistema inmunitario es de tal calibre que se lleva a sí mismo

---

62   R. Esposito, *Comunidad, inmunidad y biopolítica, op. cit.*, pp. 89-97.

## Vulnerabilidad

por delante, autodestruyéndose. Es lo que sucede con los totalitarismos, expresión última de cualquier concepción inmunitaria de la vida social. En algún momento Saturno acaba devorándose a sí mismo. La política se ha convertido en el espacio para todo, por no decir del «todo», y esto constituye un serio peligro. Sobre todo porque la necesidad de seguridad ante los miedos de la existencia se conjuga con la real posibilidad y capacidad que tenemos de dotarnos de herramientas que nos faciliten las cosas. Es decir, de autodeterminarnos. Cuando el riesgo de tener que decidir una y otra vez se hace insoportable, entonces se fragua la ilusión mesiánica del cielo en la tierra, y con él, el inmunitarismo como posibilidad tácita. Y por mucho que conozcamos la historia, la humanidad nunca está realmente a salvo de sus propias locuras y de la posibilidad de volver a propiciar tragedias conocidas.

### *La matriz de la política*

La política se ha convertido en una de las expresiones más sofisticadas de la nostalgia del infinito.[63] La nostalgia no fue propiamente tematizada hasta finales del siglo XVII. Comenzó a diferenciarse de otros estados de ánimo melancólicos en base, por ejemplo, a la difusa aflicción manifestada por algunos soldados enviados a la guerra. Destinados a la batalla

---

63 George Steiner piensa por ejemplo en el marxismo (*Nostalgia del absoluto*, Madrid, Siruela, 2020, pp. 15 ss.), si bien los trazos de esa nostalgia de lo «absoluto» se reconocerían también en elementos propios de la democracia (cf. N. Micklem, *The theology of politics*, Londres/Nueva York/Toronto, Oxford University Press, 1941). Para una aproximación genérica a la cuestión de la nostalgia, ver el libro de S. Boym, *El futuro de la nostalgia,* Madrid, Antonio Machado Libros, 2015.

III. *Ethos* de la vulnerabilidad

para defender sus casas, aquellos soldados experimentaban la lejanía del hogar con pesar. La nostalgia, que expresa el dolor anímico por la imposibilidad de volver al hogar, es una experiencia del exilio. Se nutre de la aletargante añoranza de la tierra ancestral. Lo distintivo de la nostalgia es reconocerse fuera de sitio y querer regresar al origen. Pero la cuestión es si esa particular sensación de exilio, que forma parte de la existencia también por propia etimología, se mitiga regresando al hogar. Es decir, si permanece en la nostalgia una desubicación que es imposible de revertir, por mucho que se regrese a los hogares primordiales. No poder disponer de una casa es un problema radical, por eso disponer de ella y poder construir un hogar es una necesidad existencial fundamental, una prerrogativa para poder sobrevivir. Pero incluso estando en casa, cuando uno se siente en el centro cosmológico a partir del cual nace el mundo, se da el exilio. E incluso con más gravedad. Pervive una intemperie que no tiene que ver con un espacio y un tiempo concretos, con acampar en la vida, si no con el tiempo y el espacio en sí.

Dicho de otro modo: dando forma a la necesidad de hacer frente a la precariedad y vulnerabilidad de partida se fragua la casa, el hábitat, que se concreta también en hábitos de vida. Una casa física y simbólica en la que somos y estamos y, sobre todo, nos relacionamos. Es en cierto modo una respuesta al dolor por el universo uterino perdido. Pero si la vulnerabilidad es nuestra condición, todas nuestras casas también lo son. Por eso somos nostálgicos.

En el exilio, o éxodo, es donde más difícil se nos hace no generar ídolos y mitos que funcionen como «absolutos». Absoluto significa sin sujeción, de ahí que cuando se absuelve a un acusado se lo libera del peso de la culpa. El «absoluto» es ligero, vuela libre y vaga sin impedimento. No depende de nada ni nadie, y eso atrae. Es como ese «Dios» cartesiano que ni duda ni se entristece, el faro que compensa la angustia y el peso de la nostalgia. Por eso el riesgo de los ídolos es especialmente grande, ya que combina dos necesidades contrapuestas: la de relatarnos mitos que den forma a la contingencia de lo que ignoramos, de la que no podemos apartarnos, y la de que en ese relato haya algún punto de sujeción, arquimédico, que dé una respuesta a la pregunta por el «sentido».

Tradicionalmente, la religión ha copado los espacios de «sentido». Ha ofrecido seguridad frente a la incertidumbre de no saber si se están haciendo bien las cosas y esperanza ante la zozobra de no saber qué sucederá cuando ya no haya nada más que hacer. Pero la reelaboración mitológica de la secularidad y el vacío dejado por el declive de la religión monoteísta judeocristiana han dado lugar al surgimiento de diversas teologías sustitutorias de las cuales participan algunas concepciones políticas. A día de hoy, quien ocupa los altares de esa pasión por el absoluto es la política, una primacía que se remonta a los inicios de la Modernidad.

En 1648 se firmaba la Paz de Westfalia. Hacía treinta años que la vieja Europa se desangraba en las llamadas guerras de religión, más comúnmente conocidas como la Guerra de los Treinta Años. La Reforma protestante había sacudido la conciencia religiosa imperante y, con ello, el equilibrio sociopolítico. El panorama general era de agitación, lo que facilitó que las disputas religiosas se convirtieran en el vehículo o estandarte más efectivo para la confrontación de los intereses políticos. La Paz sellada puso fin a esas guerras, finiquitaba una era y consolidaba la Modernidad.

Las consecuencias fueron muchas: la gran vencedora fue Francia, que se convirtió en la primera referencia política,

## III. *Ethos* de la vulnerabilidad

mientras el papado perdió casi toda su influencia política. El mundo nacido de la Paz de Westfalia consagró la fuerza y relevancia del Estado-nación y su suprema capacidad de gestionar sus propios conflictos e intereses sin injerencia externa, ni siquiera la papal. Elegir la propia confesión pasó a ser un asunto de Estado (ratificando la Paz de Augsburgo, de 1555), y desde entonces son estos quienes determinan las formas en que se profesan las confesiones dentro de sus fronteras. Habían nacido los Estados soberanos.

Como ya hemos apuntado, Descartes vivió en primera persona los inicios de la Guerra de los Treinta Años. Primero se inscribió en la academia militar del príncipe de Orange Mauricio de Nassau, cuyos intereses se oponían a los del imperio español. Tuvo la fortuna o habilidad de hacerlo cuando en Breda seguía vigente una tregua con las tropas españolas, de manera que Descartes estuvo relativamente tranquilo. Unos años más tarde, Diego Velázquez pintaría el famoso lienzo «La rendición de Breda» en conmemoración de la recuperación española de la ciudad, ya sin Descartes de por medio.

Se alistó también en el ejército católico de Maximiliano de Baviera. El dato es importante porque los cuarteles de invierno de esos ejércitos estaban situados en un infrecuentado lugar a orillas del Danubio, cerca de Neuburg (al sur de Alemania). Y es precisamente en esos días cuando fechamos el episodio de la estufa, la *poêle*, tan central en la memoria de Descartes y protagonista del *Discurso del método*, junto a la noche del 10 de noviembre de 1619 en la que tuvo los tres sueños que autointerpretó como premonición de la grandeza de su destino intelectual. Un Descartes ya consciente de la labor filosófica por emprender terminó sus tiempos como militar en 1620.

La peripecia bélica de Descartes durante los primeros años de la Guerra de los Treinta Años nos hace pensar en

## Vulnerabilidad

la confluencia que Stephan Toulmin evoca en su libro *Cosmópolis*. La metodología y rigidez racionalista de Descartes encajaría bien con el espíritu soberanista de la política del siglo XVII. Un sistema vertical de autoridad política que iba consolidándose y que tenía como prioridad asegurar a toda costa la unicidad del poder. La soberanía de la verdad se coordinaba perfectamente con la soberanía política, ya que ambas remiten a una misma matriz: la concepción vertical de las relaciones, de arriba abajo.

El concepto de soberanía expresa una nostalgia, un dolor por algo que fue y que ya no está.[64] Soberanía proviene de *superanus* y hace referencia a una autoridad que está por encima de todo. Originalmente la soberanía la ostentaba Dios. La *Epístola a los Romanos* del Nuevo Testamento en su capítulo 13 lo refleja con rotundidad: no hay autoridad que no provenga de Dios, y las que existen, por Dios han sido constituidas.

En la Europa medieval, los monarcas eran autoridades intermedias que recibían la bendición del Soberano del mundo, Dios, por mediación del Papa. Progresivamente, el poder civil fue creciendo hasta el punto de que las tensiones entre su autoridad y la papal se hicieron insostenibles, por lo que el conflicto se hizo inevitable. Llegados al siglo XVI, Jean Bodin dio forma al concepto actual, secularizado, de soberanía. La definía como el poder absoluto y perpetuo de una república, su mayor poder de mando posible. Absoluta y perpetua, la soberanía lo era porque no la limitaba ninguna fuerza ni era interrumpida en ningún momento. Con una salvedad, puntualizaba Bodin: también los príncipes de la Tierra estaban sujetos a las leyes de Dios y de la naturaleza,

---

[64] Quizás jugando con el citado libro de Steiner, Manuel Arias Maldonado titula justamente así su ensayo sobre el soberano y la soberanía (*La nostalgia del soberano*, Madrid, Catarata, 2020).

III. *Ethos* de la vulnerabilidad

por lo que incluso ellos reflejaban la finitud de la potencia humana.

Con el paso de los siglos la figura de la divinidad se difuminó hasta eclipsarse y la titularidad de la soberanía, ya sin frontera metafísica, se convirtió en el bien más preciado de los Estado-nación europeos nacidos de la Paz de Westfalia. Que aún hoy, en un mundo indiscutiblemente secularizado, la soberanía aparezca con tanta notoriedad en el horizonte político es un síntoma de la entronización y las aspiraciones absolutas de la política. «Secularización» hace referencia al siglo, a la temporalidad, una de las coordenadas de la dinámica de la experiencia. Se opone a lo atemporal, a lo necesario y absoluto, que no se inmuta ante nada ni nadie. La palabra «secularización» habría aparecido por primera vez en el contexto de las negociaciones de la Paz de Westfalia, precisamente, la que dio fin a la Guerra de los Treinta Años. Al parecer, con *séculariser* el representante francés quiso dar a entender el paso de propiedades religiosas a manos terrenales,[65] certificando así la superación del antiguo poder.

Secularización y soberanía no tendrían que coincidir, porque remiten a esferas contrapuestas. Una se mueve en la transversalidad del tiempo, mientras que la otra se yergue mirando a lo atemporal. Pero la soberanía ha pasado de los monarcas a los parlamentos, y de estos a los pueblos y las naciones, y parece que en todos esos casos lo divino ha sido secularizado y reemplazado por una autoridad inmanente que hace del poder político algo superlativo y trascendente al propio orden estatal.

65 G. Marramao, *Cielo y tierra. Genealogía de la secularización*, Barcelona, Paidós, 1998, pp. 18-19.

## Vulnerabilidad

Hay sobradas pistas de que en el mito de soberanía pervive su matriz teológica.[66] Es cierto que luego ha sido y es reclamada para un «pueblo» o para una «nación», aunque siempre conservando este halo de superpoder. Como si estar en posesión de la soberanía facilitara el acceso *per se* a un estatus metafísico diferente. Por eso, soberanía es lo que todo el mundo reclama y nadie quiere ceder. Se acabaron las guerras de religión pero les siguieron las guerras de soberanía. Lo paradójico es que aunque se presuma como un fin en sí mismo, al luchar por la soberanía se asume implícitamente que esta se reclama frente a alguien: el «otro», entendido como amenaza, potencial o real. La soberanía implica, a fin de cuentas, un reconocimiento de la alteridad entendida como agonía. Como lucha.

Esto explica por qué soberanía y biopolítica, en su modalidad más oscura, van de la mano. El cuerpo ha sido una metáfora muy frecuentada para perpetuar poderes en la tierra, sobre todo en la figura del soberano.[67] Pero además, el cuerpo es un activo (cuerpo productivo) y un pasivo (cuerpo sometido) también del poder político secularizado. Una

---

66 Además de la ya citada *Nostalgia del soberano* de M. Arias, obras que trabajan en esta línea son: F. de Smet, *Aux origines théologiques de la souveraineté*, Fernelmont, EME Éditions, 2012; F. de Smet, *Le mythe de la souveraineté: Du corps au contrat social*, Fernelmont, EME Éditions, 2011; D. Loick, *A critique of sovereignty*, Londres/Nueva York, Rowman Littlefield, 2019; W. Brown, *Estados amurallados, soberanía en declive*, Barcelona, Herder, 2015. Para una perspectiva general de la teología política: M. Scattola, *Teologia política*, Bolonia, Il Mulino, 2007.

67 En *Los dos cuerpos del rey. Un estudio de teología política medieval* (Madrid, Akal, 2012), Ernst H. Kantorowicz explora la doble condición del rey: un cuerpo terrenal, mortal, y un cuerpo espiritual, dinástico. Así que cuando fallece un rey, se proclama otro, de forma que la monarquía permanece igual. Los mismos recursos simbólicos ayudan a establecer la soberanía y fundar las primeras formas del Estado-nación, con sus cuerpos e instituciones, que tampoco quedan vacantes.

III. *Ethos* de la vulnerabilidad

tecnología política del cuerpo[68] que busca dominar al otro en todas sus dimensiones. El control de la alteridad se lleva a cabo reduciendo su realidad a mera «objetualidad», y por lo tanto a utensilio, materializándose así una de las tentaciones del poder soberano. Su deseo de subyugación no solo alcanza la esfera anímica, sino que también busca el despliegue del biopoder, la disciplina del cuerpo. En este contexto, decidir cómo someter el cuerpo ajeno y cómo economizarlo es una aspiración de quien ostenta el poder efectivo, el *dominus* que cree estar más allá de cualquier condición. Soberanía como biopoder. Soberanía como subyugación de prójimo. Soberanía como vulneración de la alteridad.

*La ficción de la soberanía*

La viabilidad de la política, y por lo tanto también su credibilidad, pasa por asumir su propia relatividad, reciprocidad y reflexividad. Son las características de la condición vulnerable que afectan a todas las áreas de la experiencia humana y que, en consecuencia, deberían reconocerse también en la praxis política.

Sin embargo, la política se mueve en ocasiones hacia las antípodas de la condición vulnerable. Eric Voegelin se refirió a las religiones políticas, por ejemplo, un concepto que nos invita a preguntarnos por el carácter absolutista de algunas aspiraciones políticas. Bajo este prisma, al prestar atención al proceso de secularización podremos apreciar que, junto a la

---

68 M. Foucault, *Vigilar y castigar*, Madrid, Biblioteca Nueva/Akal, 2012, pp. 35 ss. Posteriormente Giorgio Agamben ha trabajado en la relación entre soberanía y la vida «desnuda» en su serie de trabajos «Homo Sacer», sobre todo en *Homo sacer. El poder soberano y la nuda vida*, Valencia, Pre-textos, 2006.

## Vulnerabilidad

reformulación del antiguo poder trascendente a través de la idea de soberanía, también se ha ido desarrollando y consolidando una progresiva sacralización de ese poder.

La primera mitad del siglo XX fue un claro ejemplo de este proceso de sacralización secular del poder a través de la infamia de los totalitarismos.[69] En ellos se opera una total *reductio ad unum* completamente vertical de la realidad: *un* pueblo, *un* destino, *un* líder, *un* partido, *una* ideología..., *una* verdad. No se trata de ninguna identidad analógica, puesto que no hay dualidad posible. La analogía se establece cuando hay dos o más realidades que se pueden comparar, es decir, que difieren y a pesar de ello generan una comunidad, lo que presupone asumir como punto de partida que uno no es todo. En cambio, el totalitarismo pretende que no haya más realidad que él mismo, haciendo del principio de identidad el rector de cualquier experiencia. Cualquier alteridad queda proyectada como la negación de lo «uno», como su enemigo. De Carl Schmitt, que fue miembro del partido nazi, es la definición de la esencia de lo político como la distinción agónica entre amigo y enemigo.

Lo paradójico del sistema totalitario es que, como sucede con cualquier otra ideología, pervive gracias a la adhesión compartida. Por muy total que aspire a ser su verdad, lo que la mantiene es la voluntad y creencia comunitaria de que existe. Es decir, la adhesión popular. Una confesión de fe, al más puro estilo fideísta (creencia en *el* destino, en *la* revolución o en *la* redención mesiánica de *la* raza, *el* pueblo o *la* nación) que implica asumir, llegado el caso, la vida como martirio. Sin límites ni fisuras y hasta las últimas consecuencias. A veces

---

69  Emilio Gentile desarrolla elocuentemente la cuestión en *Le religioni della politica* (Bari, Laterza, 2018).

III. *Ethos* de la vulnerabilidad

esta adhesión es fruto de la convicción. En otras ocasiones es la respuesta al miedo y a la angustia de sentirse amenazado por ese poder total. Tarde o temprano, sin embargo, aparece la pregunta por la opción tomada, una eventual servidumbre voluntaria que pone al individuo frente a la responsabilidad colectiva de la que siempre forma parte.

De los años de los totalitarismos son también algunos debates sobre la naturaleza de la vida parlamentaria y el peso decisorio del acto soberano. La disputa entre Hans Kelsen y Carl Schmitt es el más conocido de ellos. Carl Schmitt presuponía la correspondencia entre la estructura metafísica de la existencia (en su caso, monoteísta) y la imagen o forma política que debía tener el Estado.[70] Esto es: verticalidad. Hans Kelsen, por el contrario, entendía que no existe término medio entre el absolutismo y el relativismo axiológico, y puesto que la democracia asume el relativismo, hay que rebajar la expectativa de las ideologías seculares. Sobre todo por la consecuente frustración e ira que supone la imposibilidad de llevar a cabo una religión política, que son particularmente destructivas.[71]

Por fortuna, los tiempos actuales parecen menos convulsos. Lo cual, obviamente, no es garantía de nada, puesto que la locura siempre puede volver. Por mucho que se conozca y reconozca la tragedia, podemos repetirla. Por eso hay que recelar de las expectativas absolutistas de cualquier discurso político,

70 L. Duch, *Religión y política*, Barcelona, Fragmenta, 2014, p. 441. El opúsculo de C. Schmitt *Catolicismo romano y forma política* (1923) es clave para comprender esta cuestión. De H. Kelsen la obra de referencia en este asunto es su postrera *Religión secular*, en la que discute, sobre todo, con su antiguo ayudante Eric Voegelin.
71 Sobre esta confrontación cf. J. De Miguel y J. Tajadura, *Kelsen versus Schmitt. Política y derecho en la crisis del constitucionalismo*, Madrid, Guillermo Escolar Editor, 2018, pp. 165 ss.

## Vulnerabilidad

sea del color que sea. El primado de la entidad colectiva, la promulgación de códigos morales universales, la elevación espiritual de una comunidad de electos o el reclamo de la voluntad general, que se pretende siempre recta y verdadera (el pueblo, la mayoría tiene razón) son algunos elementos seculares que pueden llevarnos a intransigencias.[72] Elementos de la vida política democrática en los que el esquema vertical es fácilmente reconocible.

A veces en el concepto de «pueblo», por ejemplo, se opera una reducción unitaria de la diversidad existente que también habría que revisar. En vez de formularse como un universal vulnerable, sujeto a la reconsideración radical de su identidad, se formula como una exclusividad primigenia, incluso nostálgica, que fácilmente abona la exclusión. La proyección del «yo» al «nosotros» en ningún caso es ahistórica porque una comunidad es una diversidad humana que se pregunta por su interés y bien común. De ahí que la heterogeneidad de la vida comunitaria sea sinónimo de su provisionalidad y dinamismo, y de ahí que «el» pueblo nunca pueda ser soberano porque la soberanía implica, como condición de posibilidad, la unidad del sujeto soberano.

Compatibilizar libertad humana y soberanía es difícil[73] porque la perspectiva que adopta la lógica de la soberanía poco tiene que ver con nuestra condición vulnerable. Si la libertad es vulnerable entonces es relativa, contextualiza-

---

72  E. Gentile, *Le religioni della politica, op. cit.*, pp. 205 ss. Sobre la genealogía teológica de la «voluntad general» y la relevancia de los análisis de Judith Shklar al respecto, cf. A. Arias Maldonado, *La nostalgia del soberano, op. cit.*, pp. 58 ss.

73  Escribe Hannah Arendt: «la libertad y la soberanía son tan poco idénticas que ni siquiera pueden existir simultáneamente» (H. Arendt, *Entre el pasado y el futuro. Ocho ejercicios sobre la reflexión política*, Barcelona, Austral, 2016, p. 259).

III. *Ethos* de la vulnerabilidad

da, encarnada, recíproca y reflexiva. La soberanía, por el contrario, presupone estar por encima, *supra*, y más allá de cualquier condición y codependencia. Una es propositiva, la otra impositiva.

La verticalidad del poder del concepto de soberanía está en las antípodas de la circularidad imperfecta de la condición vulnerable. La lógica de la soberanía fácilmente cae en la intimidación del otro, en querer sitiar la alteridad. El poder que se concibe como lo que viene de «arriba» acaba por vulnerar, indiscriminadamente, la especificidad del otro. Y lo intimida porque no lo cuida. Su único pensamiento es hacer efectivo el propio interés, la expansión de sí mismo.[74] No hay *alter ego* porque la dialéctica queda reducida a *ego* y a *no-ego*. De facto, no es dialéctica, sino lucha.

Sin embargo, la soberanía o es absoluta o no es soberanía. Eso se desprende de la definición de Bodin. De la cual también se deriva con meridiana claridad que la soberanía es, en última instancia, una ficción. Nadie es absoluto. El poder soberano dura lo que otras situaciones o personas permiten que dure, ya que su privilegiada posición también descansa en lo ajeno. Otra cosa es que ese poder sea fruto del miedo, de la coacción o de una devota convicción. Pero en uno u otro caso, incluso el soberano más tiránico está sometido al insomnio de saber que en cualquier momento todo puede cambiar. El poder soberano tiene poco de perpetuo y absoluto.

Necesitamos por salud antropológica, pues, cambiar de tercio y desarrollar otra perspectiva de las relaciones políticas y de poder. Otra manera de enfocarlas, que las proyecte como

---

74  La lectura de *Canallas* (Madrid, Trotta, 2005) de Jacques Derrida ayuda a reconstruir la relación directa entre la asunción de «una» razón universal y la noción de «soberanía». Derrida afirma, por ejemplo, que «el abuso de poder es constitutivo de la soberanía misma» (p. 126).

Vulnerabilidad

lo que en definitiva son, relaciones, y por lo tanto sujetas a la apertura circular que venimos desarrollando. Muchas veces lo que tiene que ver con poder o con política se imagina desde el prisma de la verticalidad. Viene de «arriba» y se dirige a sus dominios, que están a su mando, como revela la semántica del ascenso o la escalada en la jerarquía.

Lo verdaderamente revolucionario no es ostentar el poder político, sino cambiar la matriz de la idea del poder político. Llevar a cabo una acción política vulnerable, precaria y responsable implica una idea del poder también vulnerable.[75] No hacerlo es persistir en la miopía política, empezando por la del propio soberano. Creerse un «sujeto político» completamente desligado cuya voluntad responde solamente a sí mismo es complicar todavía más las cosas y generar más frustración. Una negatividad que en su versión más abyecta comporta consecuencias catastróficas nada ficticias.

La concepción vertical del poder corresponde a la ilusión de un sujeto impermeable y rector del mundo que entiende su voluntad como moldeadora de todo lo que pasa. Ese sujeto proyectado como última *ratio* es el gran «yo», sea individual o social, la ilusión monolítica de «un» soberano, «un» pueblo, «una» nación o «una» comunidad. La condición vulnerable de la política abre las puertas a la relativización de todos estos conceptos en virtud de la estructura dinámica y provisional de su realidad. Frente a lo vertical, lo transversal y circular: libertades compartidas, autonomías mutuamente reconocidas y autodeterminaciones permeables y mudables.

75  Axel Honneth ha trabajado en el «reconocimiento» como clave de su filosofía política (*La lucha por el reconocimiento*, Barcelona, Crítica, 2007). En su libro *La idea del socialismo* la conecta directamente con la experiencia del amor, donde resuena la experiencia de la vulnerabilidad existencial (Cf. M. Garrau, *Politiques de la vulnérabilité*, *op. cit.*, pp. 89-125).

III. *Ethos* de la vulnerabilidad

Naturalmente esto no soluciona de cuajo la complejidad de la vida política, y menos aún de la democracia.[76] Tampoco lo pretende. La democracia no es mesiánica y por lo tanto no ofrece fórmulas que solucionen de una vez por todas sus contradicciones. La democracia es vulnerable y por ende siempre mejorable, sin duda, pero una de las estructuras que más la ponen en jaque es precisamente el esquema de la soberanía.[77] Puesto que viene de lo alto, la soberanía establece un fundamento centrífugo y trascedente del cual emerge todo poder. En consecuencia, si la democracia debe hacerse más democrática, debe abandonar cuanto antes la estrategia racional de buscar o inventarse un fundamento cerrado en sí mismo.[78] Dicho al revés, trasladar al campo de la política, de la pregunta ética colectiva, el no-criterio antes esbozado y explorar qué concreciones prácticas son más coherentes con su relatividad, reciprocidad y reflexividad. De lo contrario, se estaría coqueteando peligrosamente con la misma estrategia con la que operan los dogmatismos, que en vez de abrirse a las vulnerabilidades de la vida comunitaria se repliegan en un fundamento pretendidamente inmune.

Habitar en un mundo en el cual la última respuesta queda en suspenso, casi desfondada, y en el que todo fundamento se tiñe de provisionalidad, es difícil. Es una exigencia sin igual que produce sensación de vértigo. Pero confundir la necesidad de obtener respuestas con poder eliminar la incertidumbre

---

76  D. Innerarity, *Una teoría de la democracia compleja. Gobernar en el s. XXI*, Barcelona, Galaxia Gutenberg, 2020.
77  Wendy Brown da un paso más y afirma: «La soberanía es en esencia antidemocrática» (cf. *Estados amurallados, soberanía en declive*, op. cit, p. 77).
78  Hay varias propuestas en esta línea. La más notable, a nuestro juicio, es la de Claude Lefort (O. Marchart, *Post-Foundational Political Thought: Political Difference in Nancy, Lefort, Badiou and Laclau*, Edimburgo, Edinburgh University Press, 2007).

## Vulnerabilidad

que las acompaña es probablemente uno de los mayores males que como especie nos podemos ocasionar. Eso es, en definitiva, el dogmatismo: pretender haber cartografiado, pesado y acotado aquello que todo lo explica. Y si no lo explica, hacer ver que sí lo hace. Si algo no soporta es la duda, la apertura a lo «otro» y la constatación de que toda identidad, también la suya, está asentada en la provisionalidad.

Para propiciar una mayor democratización de nuestro mundo conviene explorar esquemas más acordes con la radicalidad de nuestras precariedades. Dejar de hablar en nombre de la voluntad general como si fuera algo dado a lo que nos debamos acomodar y saber promover voluntades generadas y compartidas donde las mayorías no se impongan a las minorías. Coordinar y no subordinar, sin perder de vista que convivir en democracia no es erradicar el disenso, si no saber vehicularlo.

Eso también exige de fe, o mejor, de convicción. Y probablemente más que en cualquier sistema político. La democracia depende de que cada ciudadano quiera hacer su parte y de que las instituciones que la representan compartan también este horizonte. Una fe que se hace común y que se expresa como confianza social.

¿Una utopía? Puede que en parte sí, pero no una ilusión. Puede que la democracia tenga algo de bella ingenuidad, pero no es un mito. «Un mito es, en cierto modo, invulnerable»,[79] y si algo caracteriza a la democracia es que es el sistema acorde con nuestra condición vulnerable. Podríamos decir que fundamentalmente existen dos perspectivas que constituyen dos maneras de proyectar el mundo con consecuencias muy diferentes. La de la democracia, que es

---

79  E. Cassirer, *El mito del Estado*, México, FCE, 2004, p.351.

III. *Ethos* de la vulnerabilidad

la expresión de la política del cuidado y de la convivencia precaria[80] ante lo previsible (economía, educación, sociedad) y lo imprevisible (pandemias, catástrofes, accidentes). O la mirada de quien prescribe la verdad de antemano, de quien intimida porque se siente amenazado y de quien vigila porque se siente perseguido. La de un poder, el democrático, que no es de nadie, o la de un poder, que se pretende soberano, que amenaza con una pugna de todos contra todos.

La democracia es un lenguaje que nace de una voluntad de hacer del mundo una historia que más que prometer el final feliz busca impedir que la felicidad de unos sea a costa de la infelicidad de otros. Un lenguaje que confía en que los *homo sapiens sapiens* nos atrevamos a despojarnos de nuestros recelos y visibilicemos el *homo vulnerabilis* que encarnamos.

En una carta fechada el 20 de noviembre de 1629 le confesaba Descartes a su amigo Mersenne que si alguien hubiera explicado bien cuáles son las ideas simples que están en la imaginación de los hombres y que componen todo lo que se piensa, y esta explicación fuese asumida por todo el mundo, sería de esperar una lengua universal asequible para todos que, y esto es lo principal para Descartes, representaría tan distintamente todas las cosas que sería casi imposible equivocarse.[81]

Se trata este, por fortuna, de un deseo inasequible. Si algo acelera la distopía es el espejismo de lo claro y distinto, la

---

80  J. Butler, *Vida precaria. El poder del duelo y la violencia*, Buenos Aires, Paidós, 2006.

81  «*Et si quelqu'un avoit bien expliqué quelles sont les idées simples qui sont en l'imagination des hommes, desquelles se compose tout ce qu'ils pensent, et que cela fust receu par tout le monde, j'oserois esperer ensuite une langue universelle fort aisée à aprendre, à prononcer et à écrire, et ce qui est le principal, qui aideroit au jugement, luy representant si distinctement toutes choses, qu'il luy seroit presque impossible de se tromper*» (R. Descartes, *Oeuvres de Descartes*. Vol. *I, op. cit.*, p. 81).

tiranía de la razón que sí produce monstruos. El principio de realidad garantiza que seguiremos equivocándonos, que existirá el matiz, que se dará lo disruptivo y que nos sorprenderá la novedad. Espacio, pues, para la creatividad y la diversidad de lenguajes.

Pero tener el derecho a equivocarse no autoriza a que las cosas se hagan mal. Hay que confrontar el error, que no tiene nada que ver con el embrollo del engaño. Saber estar en la brecha que media entre lo que se conoce y lo que todavía se ignora, entre lo que se quiere y lo que se puede. Ahí donde, en definitiva, nos abocamos a lo incierto.

Aceptar ser vulnerable significa afectar y ser afectado, situarse en el punto crítico donde brillan las luces que nos esperanzan y amenazan los infiernos que nos abochornan. Significa, como la vida en democracia, ponerse de pie cada día e interrogarse, interrogarnos, cómo estamos llevando nuestras vidas, y, con esa duda, salir al mundo.

# IV. *Mundus est fabula*

Uno de los pocos retratos conocidos de René Descartes es el que pintó el neerlandés Jan-Baptist Weenix. La composición es simple: aparece el filósofo, de frente, sosteniendo un libro abierto en el que se puede leer «*mundus est fabula*».

El *Discurso del método* de Descartes es uno de los ejemplos más claros de fábula filosófica y los modos con los que podemos proyectar nuestra situación existencial. Los primeros pasajes del *Discurso* nos presentan la reconstrucción autobiográfica de Descartes. Se traza un perfil, dibujado por él mismo, que lo presenta como un filósofo, como aquel espíritu que busca sin asumir qué va a encontrar, que todo lo considera y nada lo prejuzga. Son las experiencias de la duda y la pregunta las que aquí marcan el ritmo de la meditación.

A medida que el *Discurso* avanza, ese filósofo que sopesa y escucha se retira y deja paso al Descartes que ya es custodio de la verdad. No la pretende, sino que la dispone. Años antes se había sugestionado a través de visiones oníricas que su misión en la vida era descubrir la verdad, proclamarla y protegerla. La inquieta navegación hasta llegar a ella le exigiría en adelante su máxima lealtad. Como contrapartida, ni el más pérfido de los sabios, el genio maligno, que no es otro que el demonio del propio Descartes, podría volver a confundirlo con argucias.

## Vulnerabilidad

Dos fábulas, dos maneras de relatarse a uno mismo que dan forma a dos mundos posibles y dos creencias. Dos lenguajes a los que entregarse y que condicionan el carácter con el que habitamos el mundo resultante. A veces se combinan y se retroalimentan, pero siempre es una la fábula que acaba ocupando el centro gravitacional.

Una fábula se diferencia de otro tipo de relatos por ser una narración literaria protagonizada por animales u objetos animados cuyo desenlace aporta una lección o lectura ética de alcance universal. Que el mundo sea una fábula significa que su historia y su sentido lo marcan nuestros discursos sobre él, de los que se desprenden consecuencias éticas directas y reales. El mundo no es una ficción, y que la fábula sea o no aleccionadora depende de la capacidad de lidiar con la propia estupidez que nosotros, sus protagonistas, seamos capaces de asumir.

El adjetivo *mundus* denotaba para los latinos algo limpio, ordenado y elegante y se oponía a lo inmundo. Lo mundano era para ellos lo más bello y sublime que uno podía contemplar. Una imponente belleza siempre ahí, presta para arrebatarnos y rescatarnos. Pero mundo implica también un relato, el que nosotros concedemos. Lo atemporal de la filosofía de Descartes es que ni aun la fábula de la verdad escapa a su propia fragilidad, puesto que si lo «absoluto», o cualquier otra imagen que sirva de garantía existencial, es capaz de hacer cualquier cosa, entonces es que lo impensable es una posibilidad. Y eso no siempre tranquiliza porque las cosas no siempre cambian a mejor. Estamos a la intemperie y en el bello mundo también se pasa frío. Por eso el lenguaje con el que contorneamos el mundo no puede ser ni caprichoso ni frívolo, pues a la palabra dicha le sigue la palabra dada, la que lleva a la acción y la que no se lleva el viento.

## IV. Mundus est fabula

La perspectiva razonada vale más que la que no lo es, sin duda. Acepta, por lo menos, exponerse a ser desnudada. Pero por ser contingente, sus fundamentos pueden acabar por desfondarse. Para bien y para mal; en lo que depende de nosotros y en lo que no. También de esto debe dar cuenta una filosofía de la vulnerabilidad: que si bien la historia de nuestros mundos no está escrita, las nuestras no son las únicas manos que la escriben. El mundo es, a fin de cuentas, un misterio. Estamos a la expectativa. La fábula alcanza tonos de inmensidad cosmológica porque el concepto de «vulnerabilidad» también expresa la provisionalidad existencial en la que nos hallamos. El esquema general que este libro ha propuesto para pensar la vulnerabilidad no es otra cosa que una primera tematización de la inestabilidad que se deriva de nuestra realidad abierta. Siempre a expensas y en situación, con un pie en tierra firme y otro tratando de ir no se sabe dónde. Una precariedad que da paso a lo mejor y lo peor de nosotros, y que abona, también de forma ambivalente, la germinación de todo tipo de ideologías y credos, tan indispensables para poder desplegar la vida cotidiana como potenciales instigadores del dogma más peligroso.

En el arranque de nuestra exposición decíamos que contraponer metafísica y vulnerabilidad es dejar a la vulnerabilidad y su semántica sin recorrido. Como si los términos finitud, contingencia, absoluto, necesidad, eternidad o temporalidad no fuesen consideraciones metafísicas. Descartes lo expresaba a su manera: la idea de lo perfecto no se produce por suma o negación de ideas imperfectas, sino que su origen es *meta*físico. Así que la intuición de lo divino no podía ser un invento de su imaginación. Era la causa primera y última de su experiencia metafísica, circular. Aquí lo expresamos de un modo mucho más modesto y lejos de cualquier pretensión cartesiana: la asunción de nuestra finitud y contingencia implica, por la lógica comparativa y del límite, de qué modo lo «finito» y lo «contingente» quedan interpelados por lo «infinito» y lo «necesario». Pero la experiencia de la vulnerabilidad y su herida existencial nos lleva a la conciencia de ese límite y se eleva a la pregunta por el sentido, pero como precisamente eso: pregunta.

Hay relatos metafísicos que, pretendiendo explicarlo todo, desvirtúan esa experiencia metafísica radical. Y eso no es patrimonio de «la» metafísica (como si, por otro lado, hubiera una metafísica), pues también la ciencia, la sociología o cualquier otra disciplina, inclusive la filosofía más antimetafísica, pueden caer en la tentación de la invulnerabilidad y proclamar que están en posesión del lenguaje y hablan en nombre de la verdad.

La condición vulnerable cansa y agota. Pesa y pasa factura tener que surcarse los caminos por donde transitar una y otra vez. Y sin certeza de éxito. No es una casualidad que las idolatrías más variopintas tengan tanto mercado. Es una inversión segura, porque quedarse sin «becerro de oro» es una de las vivencias más desoladoras y desalentadoras. Es en la experiencia del exilio, la más propia del ser humano, donde se desvela con qué fábula construimos nuestros mundos. Es decir, cuando los ídolos más se necesitan, pero menos sirven. Cuanto más vulnerables nos descubrimos, más creativos y abiertos estamos, pero también más temerosos y a expensas de lo extraño quedamos. Es el precio de la libertad y su indisponibilidad, que atenaza o purga según vaya el día. Pero tampoco queda mucha más opción, porque si no somos capaces de lidiar con esas ambivalencias, de convivir con la cara y la cruz de la condición vulnerable, otros lo harán por nosotros. Y entonces la servidumbre será doble.

## IV. Mundus est fabula

Los *homo sapiens sapiens* vivimos siendo conscientes de nuestras grandes e imponentes capacidades, orgullosos de hacer frente a pandemias, desastres naturales o impedimentos biomédicos. Y sí, debemos estarlo y celebrarlo. Pero también adolecemos de un exceso de amnesia en relación a nuestras miserias, que no son pocas. Mientras afrontamos un patógeno, que es algo que no está enteramente en nuestras manos y que nos obliga a ir tras él, a recuperarle terreno, somos incapaces de impedir que el hambre mate, que la pobreza arruine vidas o que la soledad consuma almas. Y esto, sin lugar a dudas, sí está completamente en nuestras manos. Una responsabilidad que aquí se tiñe de culpa y que nos recuerda que también somos *homo demens*, siguiendo la expresión de Edgar Morin.

La fábula del mundo se presenta como dos escenarios. El de la vulnerabilidad compartida o el de la vulnerabilidad reprimida. Preocupados por lo que no controlamos, descuidamos lo que tenemos más a mano, siendo esta nuestra verdadera elección. Tomándonos demasiado en serio a nosotros mismos y nuestras capacidades descuidamos que esas inmensas fuerzas creativas no aseguran la bondad de nuestras acciones. Pocas cosas hay más inquietantes para el resto de las especies y para la sostenibilidad del medio ambiente que nuestra sola presencia. La buena noticia es que hay otra fábula por propiciar.

Lo mismo sucede en el ámbito de la política, el despacho de los asuntos domésticos entre seres humanos. Mientras se persiguen las quimeras de la mejora biológica de la especie, se hacen oídos sordos a los gritos de quienes perecen de inanición mientras otros se empachan o de quienes se marchitan en su escasez mientras otros se aburren en su abundancia. Capaces de discutirle a la vida sus dinámicas gigantescas, persistimos en la incapacidad de generar bienestar mutuo en nuestras casas.

## Vulnerabilidad

No tiene ningún sentido que dediquemos tanto tiempo a complicarnos aún más la vida y, sin embargo, así van las cosas. Es un verdadero enigma. Quizás el asunto remita al secreto de la libertad y la indisponibilidad de sus tiempos. Pero ya sea como queja ética e inquietud política o como expresión de preguntas más abisales, el enigma está. De ahí que haya que comenzar a revertir la caprichosa incapacidad que nuestro tiempo tiene para sobrellevar las preguntas radicales, las metafísicas. Es verdad que no hay que perder de vista la dimensión lúdica de la vida, que también está, pero lo uno no quita lo otro. La ética es necesaria para entender el sentido de la vida en primera persona del singular y en primera persona del plural. Pero con ella también se hace imprescindible la pregunta metafísica, canalizadora de la pregunta por el Sentido y la misteriosa huella de lo divino.

Cuenta Platón casi a modo de advertencia que Tales de Mileto, el primero de los filósofos, cayó en un pozo mientras sus ojos surcaban los cielos, para diversión de la ingeniosa y simpática tracia que presenciaba la escena. El *modus operandi* de la condición vulnerable hace del mundo también una fábula, sí, pero no se lo inventa. Explora también el misterio de la existencia y el destino del mundo, pero sin perder de vista dónde tiene los pies. No vaya a ser que entretanto pise donde no deba y acabe, como Tales, dándose de bruces con el mundo.

# Agradecimientos

En primer lugar, quiero agradecer especialmente a Núria Oliveres su paciente y propositiva lectura de los sucesivos redactados de este libro. Sin su generosa ayuda este libro no sería lo que es. *De tot cor, moltes gràcies!* Hago extensivo mi agradecimiento a Sílvia Ardèvol, que ha leído atentamente el manuscrito. A ambas les hago llegar toda mi gratitud por su tiempo, generoso, y por su tenaz compromiso a la hora de tomarse en serio el debate en torno a cada una de sus partes.

También quiero agradecer a todas aquellas personas que con sus conversaciones y amigables intercambios de ideas han dado y dan qué pensar sobre la vulnerabilidad. Todas ellas saben bien de su importancia.

Me siento especialmente privilegiado por el tiempo compartido con mis amigos y compañeros del grupo de debate de la Càtedra Ramon Llull Blanquerna de la URL, con quienes seguimos compartiendo y discutiendo inquietudes y perplejidades. Juntos se piensa mejor, sin lugar a dudas.

Por último, agradecer a la editorial Herder y a su editor la confianza depositada en este libro y la audacia de apostar por la cultura y las letras, especialmente en estos tiempos de tanta vulnerabilidad manifiesta.

# Bibliografía

AGAMBEN, G., *Homo sacer. El poder soberano y la nuda vida*, Valencia, Pre-textos, 2006.
ALQUIÉ, F., *La découverte métaphysique de l'homme chez Descartes*, París, PUF, 1950.
ARIAS MALDONADO, M., *La nostalgia del soberano*, Madrid, Catarata, 2020.
ARISTÓTELES, *Acerca del alma*, Madrid, Gredos, 2000.
ÁVILA, R., *Lecciones de metafísica*, Madrid, Trotta, 2011.
BENHABIB, S., *El ser y el otro en la ética contemporánea*, Gedisa, Barcelona, 2006.
BORCK, C., *Medizinphilosophie zur Einführung*, Hamburgo, Junius, 2016.
BUSQUETS, E., *Ética del cuidado en ciencias de la salud,* Barcelona, Herder, 2019.
BUTLER, J., *Los sentidos del sujeto*, Barcelona, Herder, 2016.
—,*Vida precaria. El poder del duelo y la violencia*, Buenos Aires, Paidós, 2006.
CASSIRER, E., *El problema del conocimiento. Vol. 1*, México, FCE, 1993.
—, *El mito del Estado*, México, FCE, 2004.
CLARKE, D.M., *Descartes. A biography*, Cambridge, Cambridge University Press, 2006.

COURTINE, J.-F., *Inventio analogiae*, París, Vrin, 2005.
DAMASIO, A., *El error de Descartes*, Barcelona, Destino, 2015.
DERRIDA, J. *Canallas*, Madrid, Trotta, 2005.
DESCARTES, R., *Oeuvres de Descartes,* 12 vols., París, L. Cerf (ed. Adam-Tannery), 1897-1910.
DI CESARE, D., *Sulla vocazione politica della filosofia*, Turín, Bollati Boringhieri, 2018.
DUCH, L., *Religión y política*, Barcelona, Fragmenta, 2014.
—, *Simbolisme i salut*, Barcelona, Publicacions de l'Abadia de Montserrat, 1999.
— y MÈLICH, J.-C., *Escenaris de la corporeïtat*, Barcelona, Publicacions de l'Abadia de Montserrat, 2003.
ESPOSITO, R., *Bíos. Biopolítica y filosofía*, Buenos Aires, Amorrortu, 2006.
—, *Comunidad, inmunidad y biopolítica*, Barcelona, Herder, 2009.
ESQUIROL, J. M., *La penúltima bondad*, Barcelona, Acantilado, 2018.
FONT, P.L., «Introducció», en R. Descartes, *Discurs del mètode*, Barcelona, Edicions 62, 2006.
—, «Introducció», en R. Descartes, *Tractat de les passions. Cartes sobre la moral*, Barcelona, Ed. 62, 1998.
FOUCAULT, M., *El orden del discurso*, Barcelona, Austral, 2018.
—, *Vigilar y castigar*, Madrid, Biblioteca Nueva-Akal, 2012.
GADAMER, H.-G., *El estado oculto de la salud*, Barcelona, Gedisa, 2011.
GALIMBERTI, U., *Il corpo*, Milano, Feltrinelli, 2002.
GARIN, E., *Descartes,* Barcelona, Crítica, 1989.
GARRAU, M., *Politiques de la vulnerabilité*, París, CNRS Éditions, 2018.
GENTILE, E., *Le religioni della politica*, Bari, Laterza, 2018.
GILSON, E., *L'être et l'essence*, París, Vrin, 2008.

—, «Introduction», en R. Descartes, *Discours de la méthode*, París, Vrin, 1976.

—, *La liberté chez Descartes et la théologie*, París, Vrin, 1987.

GIOLO, O. y PASTORE, B. (eds.), *Vulnerabilità. Analisi multidisciplinare di un concetto*, Roma, Carocci, 2018.

HENRY, N., *L'essence de la manifestation*, París, PUF, 2003³.

HOFSTADTER, D.R. y SANDER, E., *Analogía. El motor del pensamiento*, Barcelona, Tusquets, 2018.

HUSSERL, E., *Meditaciones cartesianas*, Madrid, FCE, 1985.

JANSSEN, A., *Verletzbare Subjekte: Grundlagentheoretische Überlegungen zur conditio humana*, Opladen-Berlin-Toronto, Budrich UniPress, 2018.

JASPERS, K., *Descartes y la filosofía*, Buenos Aires, La Pléyade, 1973.

LAÍN ENTRALGO, P., *El estado de enfermedad*, Madrid, Ed. Moneda y Crédito, 1968.

LAKOFF, G. y JOHNSON, M., *Metáforas de la vida cotidiana*, Madrid, Cátedra, 2017.

LE BRETON, D., *Anthropologie du corps et modernité*, París, PUF, 2011.

—, *Les passions ordinaires. Anthropologie des émotions*, París, Payot, 2004.

MAILLARD, N., *La vulnérabilité. Une nouvelle catégorie morale?*, Ginebra, Labor et Fides, 2011.

MARRAMAO, G., *Cielo y tierra. Genealogía de la secularización*, Barcelona, Paidós, 1998.

MARION, J.-L., *Questions cartésiennes. Méthode et métaphysique*, París, PUF, 1991.

—, *Sur le prisme métaphysique de Descartes*, París, PUF, 2004.

—, *Sur la théologie blanche de Descartes*, París, PUF, 1991.

MEHL, E., *Descartes et la fabrique du monde. Le problème cosmologique de Copernic à Descartes*, París, PUF, 2019.

MÈLICH, J.-C., *Ética de la compasión*, Barcelona, Herder, 2010.
—, *La condició vunerable*, Barcelona, Arcadia, 2018.
—, *La sabiduría de lo incierto*, Barcelona, Tusquets, 2019.
MERLEAU-PONTY, M., *Fenomenología de la percepción*, Barcelona, Península, 2000.
MILLER, J.-A., *Extimidad. Los cursos psicoanalíticos*, Buenos Aires, Paidós, 2010.
NANCY, J.-L., *Ego sum*, París, Flammarion, 1979.
PAGÈS, A., *Sobre el olvido*, Barcelona, Herder, 2012.
PELLUCHON, C., *Eléments pour une éthique de la vulnérabilité. Les hommes, les animaux, la nature*, París, Cerf, 2011.
PLESSNER, H., *La risa y el llanto*, Madrid, Trotta, 2007.
POPPER, K., *La lógica de la investigación científica*, Madrid, Tecnos, 2008.
QUINTANA, L., *Política de los cuerpos*, Barcelona, Herder, 2020.
RODIS-LEWIS, G., *Descartes. Biografía*, Barcelona, Península, 1996.
—, *La morale de Descartes*, París, PUF, 1957.
ROSA, H., *Lo indisponible*, Barcelona, Herder, 2020.
ROSÀS, M., *Mesianismo en la filosofía contemporánea. De Benjamin a Derrida*, Barcelona, Herder, 2016.
SABORIDO, C., *Filosofía de la medicina*, Madrid, Tecnos, 2020.
SCATTOLA, M., *Teologia política*, Bolonia, Il Mulino, 2007.
SCHMETKAMP, S., *Theorien der Empathie zur Einführung*, Hamburgo, Junius, 2019.
SEGURÓ, M., *La vida también se piensa*, Barcelona, Herder, 2018.
—, *Sendas de finitud. Analogía y diferencia*, Barcelona, Herder, 2016.
SIMON, J., *La verdad como libertad. El desarrollo del problema de la verdad en la filosofía moderna*, Salamanca, Sígueme, 983.

SONTAG, S., *La enfermedad y sus metáforas*, Barcelona, DeBolsillo, 2008.
STEIN, E., *Sobre el problema de la empatía*, Madrid, Trotta, 2004.
SUÁREZ, F., *Disputaciones metafísicas*, 7 vols., Madrid, Gredos, 1960-1966.
TRÍAS, E., *La razón fronteriza*, Barcelona, Destino, 1999.
TORRALBA, F., *Ética del cuidado*, Madrid, Institut Borja de Bioètica-Fundación Mapfre Medicina, 2002.
TOULMIN, S., *Cosmópolis. El trasfondo de la modernidad*, Barcelona, Península, 2001.
TURRÓ, S., *Descartes i l'esperit del barroc*, Lleida, Institut d'estudis ilerdencs, 1997.
—, *Descartes. Del hermetismo a la nueva ciencia*, Barcelona, Anthropos, 1985.
SMITH, R.H., *Schadenfreude: La dicha por el mal ajeno y el lado oscuro de la naturaleza humana*, Madrid, Alianza, 2016.
WAHL, J., *Du rôle de l'idée de l'instant dans la philosophie de Descartes*, París, Descartes&Cie, 1994.
—, *Tratado de metafísica*, Madrid, FCE, 1960.
WALDENFELS, B., *Grenzen der Normalisierung*, Frankfurt, Suhrkamp, 1998.
WILLIAMS, B., *Descartes. El proyecto de la investigación pura*, Madrid, Cátedra, 1996.